I0820675

Kit de emergencia para reparar tu autoestima

Kit de emergencia para reparar tu autoestima

Javier García Ruiz

VERGARA

Papel certificado por el Forest Stewardship Council®

Primera edición: septiembre de 2025

Printed in Spain — Impreso en España

ISBN: 978-84-10467-45-3
Depósito legal: B-12.055-2025

Compuesto en Llibresimes, S. L.

Impreso en Romanyà Valls, S. A.
Capellades (Barcelona)

VE 6 7 4 5 3

Índice

Segunda parte

Reconstruyendo tu autoconcepto (el de verdad)

Tercera parte

Cómo reparar tu imagen corporal. Creando una relación más sana con tu cuerpo

A Germán, porque sin ti no estaría aquí.
Fuiste el primero en quererme cuando no creía merecerlo

Y a Disi, porque sin ti no querría estar aquí.
Tu amor fue la confirmación de que sí merecía quererme

Prólogo

Me alegro de que hayas decidido dar el paso de abrir este kit de emergencia para reparar tu autoestima, estoy convencido de que no te arrepentirás. En este libro encontrarás el método que he ido puliendo y mejorando con los años a raíz de tratar la autoestima de cientos de personas, con resultados muy favorables.

Vamos por partes. Entiendo que no veas la **emergencia** por ninguna parte; llevas con esa autoestima toda la vida, así que... ¿a qué vienen las prisas? Bueno, cuando acabes de leer este libro, estarás de acuerdo en que era un asunto **muy importante** que no debía ser pospuesto ni un solo día más. No es casualidad que una de las frases que más escucho en terapia es: «Si lo llego a saber, hubiera venido antes». Pero no pasa nada, no importa cuánto hayas tardado en llegar hasta aquí; lo importante es que ya has llegado. Y menudo viaje nos espera. Eso sí, no te dejes engañar por lo de «emergencia»; no vamos a ir corriendo a ninguna parte. Este kit es un claro ejemplo de «vísteme despacio que tengo prisa». Las cosas buenas llevan su tiempo.

En cuanto a lo de **reparar**... es una forma sutil de decirlo. Porque decir que vamos a **demoler la construcción actual** de tu autoestima —tan errónea e incompleta— y **empezar a reconstruirla desde cero**, con buenos materiales y un buen plan de acción, no cabía en la portada. No te preocupes, no lo tiraremos todo; habrá algunas partes de tu autoestima, especialmente las buenas, que reutilizaremos; rara vez se equivoca la vida al cien por cien al definir a alguien, aunque reconozco que he visto casos en los que se quedaba muy cerca.

Lo primero que podrías preguntarte es: ¿Por qué? **¿Por qué estás tan seguro** de que mi autoestima está **mal construida** y no soy exactamente lo que pienso que soy? ¡Ni siquiera me conoces! Y tienes razón, no te conozco. Pero sí conozco cómo se forma la autoestima humana, y casi siempre está mal construida. Empezaremos el libro explicando este asunto con detalle, hasta que estés cien por cien convencido por ti mismo de que no puedes confiar en algo tan erróneo como es tu autoestima actual.

Una vez convencido, llegarás de forma directa a la segunda pregunta: **¿Y cómo se cambia**? A esto también responderé extensamente, pero tiene dos grandes partes, que te adelanto muy poco con una clásica adivinanza infantil:

> ¿Cómo meterías a un elefante en una nevera?
>
> Pues abres la puerta de la nevera, metes al elefante dentro y luego cierras la puerta.
>
> ¿Y cómo meterías a una jirafa en una nevera?
>
> Muy fácil, abres la puerta, sacas al elefante, metes a la jirafa y cierras la puerta.

Actualmente tu cerebro está **completamente lleno** con la autoestima de siempre, por lo que, igual que pasa con el elefante, primero habrá que sacarla si queremos introducir información nueva. Esa es la **primera parte: dejar de creer** en todo aquello que, como comprobaremos, es **falso**, no es actual y no te define de verdad. Una vez haya hueco, por primera vez en tu vida estarás en disposición de poder empezar a conocerte realmente, al verdadero tú: sin distorsiones ni prejuicios de otras personas. Entonces comienza la **segunda parte: buscar** pieza por pieza esa definición exacta de ti, esa jirafa maravillosa que lleva toda la vida esperando para entrar en tu cerebro.

Y al finalizar este proceso, te quedará la última pregunta: Ahora ya veo claramente quién y cómo soy —y no soy—..., pero me sigo sintiendo igual. **¿Qué hago para creérmelo?**

Para este caso, los anglosajones tienen un lema muy pegadizo: *Fake it till you make it* o, en español, «fíngelo hasta que lo consigas». Cuando hayas llegado al estado anterior tendrás una descripción extensa y acertada de quién eres: lo bueno, lo malo, lo regular, de qué eres capaz, cuáles son tus límites, qué te importa en la vida, etc.

Por lo tanto, el último paso se basa en aprender a interpretar ese papel hasta que se convierta en tu nueva normalidad, aunque te sientas un impostor mientras lo haces, o que estás fingiendo. En realidad, estarás actuando —por primera vez en mucho tiempo— de manera realmente auténtica. Y los resultados de tus acciones no harán más que demostrar que esta nueva versión de ti es la real. **La práctica hace al maestro**, y antes de lo que crees empezarás a sentirte cómodo en tu nueva autoestima y, por consiguiente, en tu nueva vida.

Por último, para asegurarnos de que este proceso se lleva a cabo con eficacia y sin muchos contratiempos, a lo largo del libro encontrarás **ejercicios y herramientas** para completar cada fase y mejorar aún más tu autoestima, cómo te relacionas contigo mismo y con el mundo.

Sí, sé que suena todo demasiado bonito para ser verdad, pero lo es. Al principio del proceso, la mayoría de mis pacientes creían que jamás llegarían a sentirse y a actuar como han acabado haciéndolo. Pero si tienes este libro entre las manos, es porque estás dispuesto a comprobarlo por ti mismo, así que... **¡manos a la obra!**

Escala de autoestima

Antes que nada, sería muy interesante que rellenaras el siguiente test de autoestima que he creado para que puedas tener una medida objetiva sobre tu autoestima actual, y así poder **apreciar mejor los beneficios** que vas a conseguir con el trabajo que realizarás a lo largo de este libro. El trabajo en autoestima es en un principio algo teórico, pero obligatoriamente después hay que ponerlo en práctica en el día a día. Por eso estoy seguro de que la puntuación **aumentará** incluso tiempo después de haber utilizado este kit.

A continuación, encontrarás una serie de afirmaciones sobre cómo te percibes a ti mismo. Por favor, lee cada una cuidadosamente y marca el número que mejor refleje tu nivel de acuerdo con cada afirmación, utilizando la siguiente escala:

0 - Totalmente en desacuerdo
1 - En desacuerdo
2 - Ligeramente en desacuerdo
3 - Ligeramente de acuerdo
4 - De acuerdo
5 - Totalmente de acuerdo

	0	1	2	3	4	5
1. Me siento seguro/a de mis capacidades.						
2. Me valoro independientemente de las opiniones de los demás.						
3. Tengo una actitud positiva hacia mí mismo/a.						
4. Confío en mis decisiones.						
5. Aprecio mis habilidades y talentos.						
6. Tengo dificultades para aceptarme tal y como soy.						
7. No me siento satisfecho/a conmigo mismo/a.						
8. No me siento orgulloso/a de mis logros.						
9. No reconozco cuáles son mis fortalezas personales.						
10. Siento que no merezco ser feliz.						
11. Confío en mi capacidad para enfrentarme a los retos de la vida.						
12. Acepto mis debilidades como parte de mí.						
13. Me siento cómodo/a expresando mis necesidades.						
14. Tengo una buena imagen de mí mismo/a.						
15. Me considero una persona exitosa.						
16. A veces siento que no valgo nada.						
17. Me critico duramente cuando cometo errores.						
18. Dudo de mi capacidad para tener éxito.						
19. Me comparo negativamente con otras personas.						
20. Me cuesta creer en mí mismo/a.						

Puntuación:

- **Ítems que invertir**: las afirmaciones 6, 7, 8, 9, 10, 16, 17, 18, 19 y 20 deben invertirse al puntuar. Esto significa que si seleccionaste:
  - 0 (Totalmente en desacuerdo) se convierte en 5.
  - 1 (En desacuerdo) se convierte en 4.
  - 2 (Ligeramente en desacuerdo) se convierte en 3.
  - 3 (Ligeramente de acuerdo) se convierte en 2.
  - 4 (De acuerdo) se convierte en 1.
  - 5 (Totalmente de acuerdo) se convierte en 0.
- **Cálculo de la puntuación total**: suma las puntuaciones de los veinte ítems después de invertir las respuestas correspondientes. La puntuación total oscila entre 0 y 100.

Interpretación:

- Autoestima **muy baja**: puntuaciones entre **0 y 30**.
- Autoestima **baja:** puntuaciones entre **31 y 45**.
- Autoestima **media-baja:** puntuaciones entre **46** y **60**.
- Autoestima **media-alta:** puntuaciones entre **61** y **75**.
- Autoestima **alta:** puntuaciones entre **76** y **87**.
- Autoestima **muy alta:** puntuaciones entre **88** y **100**.

Puntuación ahora (antes de leer el libro)	Puntuación inmediatamente después de leer el libro	Puntuación seis meses después de leer el libro	Puntuación dos años después de leer el libro

Primera parte

La teoría: pillando a una mentirosa (o por qué tu autoestima actual está tan mal hecha y te miente constantemente)

AVISO: *Todos los ejemplos incluidos en este libro son reales, basados en personas a las que he tratado en consulta, quienes han dado su consentimiento explícito para aparecer aquí. Se han cambiado los nombres y algunos detalles irrelevantes para asegurar que no sea posible reconocerlas y así conservar su anonimato. Los únicos ejemplos que no han sido modificados son aquellos extraídos de mi propia vida.*

1

Entendiendo qué es la autoestima y sus matices

Cuando hablamos de autoestima, todos tenemos una cierta idea de a qué nos referimos, ¿verdad? Pero en realidad se trata de un término muy complejo, con muchos matices. No te voy a aburrir con extensas definiciones, pero sí es importante empezar comprendiendo algunos puntos básicos sobre los que vamos a trabajar.

Michael Corleone, interpretado por Al Pacino, dice en un momento de *El Padrino II*: «Mantén a tus amigos cerca, pero a tus enemigos aún más cerca». Y no, la autoestima en sí no es tu enemiga, aunque tu autoestima actual —mal construida y dañina—, sí. De modo que vamos a conocerla bien para poder derribarla y empezar a reconstruirla desde cero.

Según Nathaniel Branden, uno de los principales teóricos de este campo de estudio, la autoestima es la **percepción** y **valoración** que cada persona tiene sobre sí misma, basada en la aceptación de sus **capacidades, limitaciones** y **valor** propio. Es «la disposición a considerarse **competente** para afrontar los desafíos de la vida y **merecedor** de felicidad».[1] O, dicho de manera más sencilla, la autoestima es tu opinión interna sobre **quién eres, cuánto vales** y **cuánto mereces** en la vida.

Se trata de uno de los aspectos más **importantes** de tu persona, y está presente en **casi todas** las áreas de tu **vida**: influye en tu salud mental, en tus relaciones, en tu capacidad para poner límites, en las decisiones que tomas, en cómo enfrentas los fracasos y hasta en cómo cuidas tu cuerpo. Modula tu tolerancia al estrés, tu motivación, tu forma de amar y tu forma de trabajar. Es tan importante que cuando tu autoestima es sólida, todo en la vida se sostiene mejor. Y cuando es frágil, todo se tambalea.

Pero probablemente no haga falta que me extienda en esta parte, ya que el hecho de que estés leyendo estas páginas demuestra que sabes cómo se siente al vivir con problemas de autoestima. Sabes lo que es mirarte al espejo y, de forma automática, buscar defectos. Recibir un cumplido y rechazarlo mentalmente antes de que terminen siquiera de pronunciarlo. Sentir que los demás son capaces de cosas o merecen cosas que no son para ti. Has aprendido a evitar riesgos porque la posibilidad del fracaso pesa demasiado, y cada crítica —por pequeña que sea— se convierte en una confirmación más de lo que llevas toda la vida deseando no ser.

Y lo curioso es que la baja autoestima no siempre es evidente a ojos de los demás. A veces se esconde detrás de una sonrisa forzada, de un «estoy bien» o de logros que no consigues reconocer como tuyos. Pero tú sabes cómo duele, cómo limita y cómo desgasta poco a poco. Así que quiero que te agarres a esto en los momentos de pereza o miedo que surgirán a lo largo de este proceso. Tienes mucho que ganar, y te aseguro que la inversión merecerá mucho la pena. Ahora vamos con un poco de teoría, más aburrida, pero necesaria.

Según la definición de autoestima que hemos visto antes,

hay **dos pares** de conceptos muy importantes que debemos aclarar, porque los usaremos a menudo en este libro.

Autoconcepto y autoestima

Un **concepto** es una idea o representación mental que usamos para entender y categorizar algo. Nos ayuda a agrupar una serie de características o cualidades que asociamos con un objeto, situación o persona, dándonos un marco para poder comprenderlo.

Por ejemplo, cuando pensamos en el concepto de «un iPhone», de inmediato nos vienen a la cabeza ciertas características: un móvil de gama alta, relativamente caro y de cierto prestigio, fabricado por Apple, con un sistema operativo específico, etc. De esta forma, un concepto nos permite definir algo y relacionarlo con otras ideas o experiencias similares. En este caso, puede servir para compararlo con otros móviles, para saber si se ajusta a mis necesidades a la hora de comprar un teléfono o para ofrecer información sobre alguien que posea uno.

Pues el **auto**concepto no es ni más ni menos que el concepto que tenemos sobre **nosotros mismos**; todas esas creencias y conocimientos sobre quiénes somos: nuestras habilidades, rasgos de personalidad, roles sociales, intereses, valores...

El problema está en que la mayoría creemos que nuestro autoconcepto es absolutamente correcto, pero, como veremos más adelante, casi nunca lo es. Nos consideramos unos auténticos expertos en nosotros mismos, y no permitimos que nada ni nadie nos haga cambiar de opinión. Y aquí radica la base de los problemas de autoestima.

Ejemplo

Mi madre considera que su móvil de fabricación china que tiene desde hace siete años es «prácticamente igual» que mi nuevo iPhone. Según ella, por fuera son casi iguales, el suyo también tiene varias cámaras y puede hacer de todo con él.

Mi madre tiene su propio concepto sobre lo que es un iPhone, y no parece demasiado correcto. Pero es consciente de sus carencias en cuanto a conocimientos tecnológicos, por lo que está abierta a reconocer que es un concepto con poco fundamento, propenso a errores. Así, al decirle: «Mamá, hazme caso: las cámaras del iPhone son de mucha más calidad», como ella confía en mis conocimientos tecnológicos, está dispuesta a corregir o expandir ese concepto previo.

El problema está en que si le digo: «Mamá, qué ojos más bonitos tienes», como en su autoconcepto no se incluye tener los ojos bonitos, y ella —como todos— se considera en posesión de la verdad sobre sí misma, me dará las gracias creyendo que solo intento ser amable. Inmediatamente desechará la información que le ofrezco y su autoconcepto permanecerá intacto. Y erróneo, porque tiene unos ojos preciosos y parece ser la única que no lo cree.

La palabra «**estima**» proviene del latín *estimare*, que significa «valorar, apreciar o juzgar». Si nos referimos a alguien, juzgamos a esa persona a partir de características o cualidades que observamos y que influyen en cuánto la valoramos, respetamos o incluso cuestionamos.

Si bien podemos hacer el ejercicio consciente de pararnos a sopesar en cuánta estima tenemos algo o a alguien, la mayoría de las veces es un proceso automático del que somos completamente inconscientes. Por ejemplo, si te preguntara ahora mismo, es probable que no necesitaras ni un segundo para responder que un helicóptero de rescate es algo importante y costoso o que un juez del Tribunal Supremo debe ser alguien muy valioso a nivel profesional, aunque nunca te hayas parado a reflexionar sobre ello. Ya tenías una valoración previa de esos conceptos, aunque no fueras consciente.

Como imaginarás, la **autoestima** se refiere a esa misma valoración, pero sobre nosotros mismos. Y resulta que es muy difícil hacer una estimación correcta del valor de algo cuando se desconocen muchas cosas sobre ello, o peor aún, mucha de la información que se tiene es errónea.

Ejemplo

Volviendo al caso anterior, al desconocer mi madre la mayoría de las características que ofrece un iPhone —o cualquier móvil en general—, y además manejar cierta información errónea —como que un *smartphone* es mejor cuanto más pequeño es—, según ella un iPhone debería costar lo mismo que el suyo —porque hace lo mismo— o incluso menos —porque es más grande y por lo tanto peor.

Aquí se ve con claridad que la estimación del valor del iPhone va estrechamente ligada al concepto que se tiene sobre el mismo, y cómo, por desconocimiento, se puede estimar de manera muy errónea el valor de un producto que es de los mejores y más estimados —objetivamente— de su categoría.

Para colmo, hay muchos aspectos de un ser humano sujetos a interpretación, y puede que la forma en la que nos han enseñado a estimar el valor de algo no tenga por qué corresponder con su valor real, o al menos con el que la mayoría cree que es real.

Piénsalo por un momento: para unas personas un 8 en un examen es motivo de orgullo y para otras, un fracaso. Las pecas que le parecen preciosas a unas personas son motivo de vergüenza para otras. Y así hasta el infinito. Por eso, es importante que aprendas a valorar todas tus características y las de los demás de manera más objetiva y realista, en lugar de como te han inculcado, y punto. Más adelante veremos cómo hacerlo.

Autoeficacia y autodignidad

La autoeficacia se refiere al grado en que **confiamos** en que podemos **enfrentarnos** y **superar** los **retos** que se nos presentan en la vida. Mide la seguridad interna que sentimos respecto a nuestra capacidad de influir en las circunstancias, como cumplir con una tarea del trabajo o superar una pérdida.

Ejemplo

Imagina que vas a cocinar una receta nueva. No basta con tener la receta; necesitas la confianza en que podrás entenderla, aplicar cada paso y adaptarte si surge algún imprevisto.

Si tu autoeficacia es baja, es probable que dudes de tus capacidades y te sientas abrumado incluso antes de empezar. Quizá pienses que no entenderás las instrucciones, que cometerás errores irreparables o que el resultado no será bueno. Esa inseguridad puede llevarte a evitar intentarlo o a abandonar al primer contratiempo, reforzando la creencia de que no eres capaz.

En cambio, con una alta autoeficacia, afrontarás el desafío como una oportunidad de aprender, sabiendo que, incluso si algo no sale perfecto, puedes adaptarte y mejorar.

La autodignidad se refiere a la **convicción** de que somos **merecedores** de **respeto** y **buen trato,** tanto por parte de los demás como de nosotros mismos. No depende de logros externos, sino de la aceptación de nuestro valor inherente como personas. Implica vivir con coherencia respecto a nuestras necesidades, valores y principios, reconociendo que, como seres humanos, tenemos derecho a existir y a buscar nuestro bienestar.

Ejemplo

José trabaja en una empresa donde tiene que realizar proyectos en grupo. El director de su proyecto le interrumpe constantemente en las reuniones, ridiculiza sus aportaciones y le suele hablar de manera despectiva, escudándose en que su rango en la jerarquía de la empresa es muy superior.

Con una autodignidad alta, José reconoce que su valor como persona no depende de su jerarquía en la empresa ni de cómo le trate el director. Decide hablar con él en privado y decirle que le gustaría que se comunicaran con respeto. Si este comportamiento continúa, José se planteará informar a recursos humanos para que tomen medidas o buscar un entorno laboral donde se respete su dignidad.

Estos dos conceptos, autoeficacia y autodignidad, son pilares fundamentales de una autoestima sana y positiva, y es necesario que ambos se encuentren suficientemente bien desarrollados.

Por desgracia, un gran problema al que nos enfrentamos es que vivimos en una sociedad cada vez más exigente y centrada en la productividad, donde tu valía como persona se mide por cuántas cosas eres capaz de hacer a lo largo del día y cuánto has conseguido, en lugar de por cómo eres.

Esto lleva a que muchas personas se centren excesivamente en la autoeficacia para medir su valor, ignorando cuánto merecen tan solo por el hecho de ser seres humanos. Como resultado, creen que valores fundamentales como el respeto y el trato digno deben ser ganados —cuando en realidad son derechos universales— y tienden a tratarse mal a sí mismos o permitir que otros lo hagan si consideran que no son tan eficaces como creen que deberían ser. No te preocupes si es tu caso, porque vamos a cambiar eso para siempre.

RESUMEN

Hay cuatro conceptos clave de los cuales parte el concepto de «autoestima» que generalmente usamos, y sobre los que trabajaremos mucho en este libro:

- Auto**concepto**: quién y cómo crees que eres.
- Auto**estima**: cuánto crees que vales.
- Auto**eficacia**: cómo de capaces o competentes creemos que somos.
- Auto**dignidad**: cuánto creemos que merecemos ser felices y ser tratados con respeto.

Uniendo estos cuatro conceptos, el objetivo final de este libro es que, al acabar, conozcas mucho mejor y de manera más acertada quién eres y, por lo tanto, cuánto vales realmente, así como mejorar tu visión sobre lo que eres capaz de hacer y aprendas a considerarte merecedor de felicidad y dignidad.

2

Tres grandes errores de tu autoestima

¿Recuerdas la adivinanza infantil que mencioné en el prólogo, sobre sacar al elefante de la nevera para poder meter a la jirafa? Pues este capítulo es para convencerte de que hay que sacar al elefante —tu autoestima actual— sí o sí. El objetivo es que entiendas lo terriblemente mal que está construida tu autoestima para que por fin puedas dudar de ella y así poder aceptar toda la información que descubras en este libro, ya que es imposible cambiar una creencia en la que confías al cien por cien. Se podría escribir un libro entero tan solo sobre todos los errores en la construcción de la autoestima, pero por el momento nos vamos a conformar con enumerar tres de ellos.

Para que no tengas que confiar ciegamente en mi palabra, vamos a empezar con un estudio científico muy importante que pone de manifiesto estos tres grandes errores de base en tu autoestima y en la de todas las personas que no han trabajado en ella.[2]

En este estudio se midió la autoestima de miles y miles de personas de todo el planeta a lo largo de toda la vida, usando un cuestionario que daba un resultado final entre 0 y 5. Los resultados se agruparon en la siguiente gráfica:

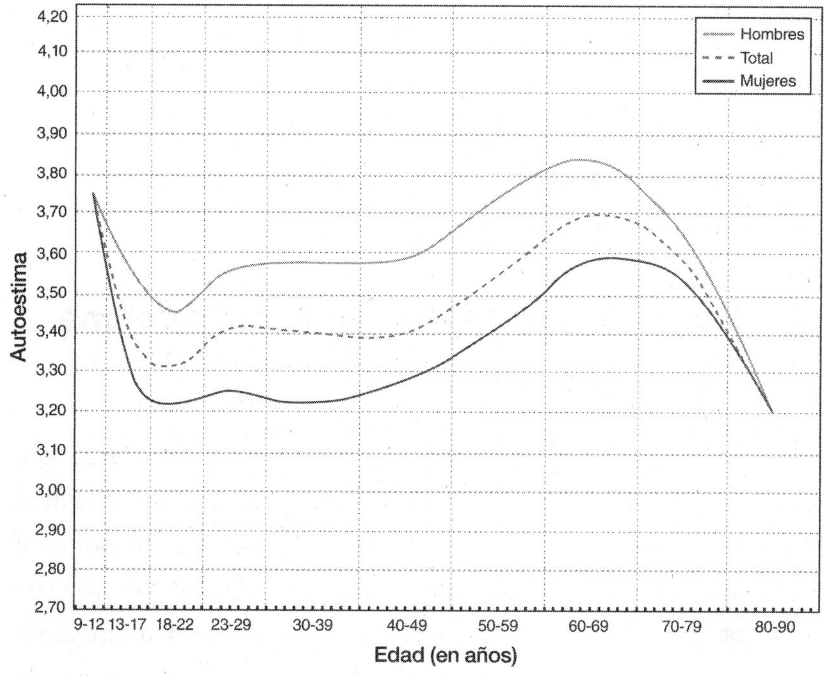

Aquí muestro la imagen original del estudio. Como no es fácil de interpretar, vamos a hacerlo juntos, aunque más adelante usaremos una imagen simplificada para seguir con la explicación. A la izquierda de la gráfica se encuentra la puntuación del cuestionario de autoestima y en la base de la gráfica, el rango de edad.

La línea con círculos corresponde a las mujeres; la de los triángulos, a los hombres, y la línea discontinua con cuadrados es la puntuación media de toda la muestra, independientemente del género. No le prestes atención a los simbolitos fuera de las líneas.

Distorsionada por agentes externos

Podríamos decir muchas cosas sobre esta gráfica, pero ¿no te llama la atención que la autoestima de los hombres sea mayor que la de las mujeres?

Si la autoestima fuera un reflejo del valor real de una persona —es decir, si una persona que tiene una autoestima de un 3,6 fuera realmente un 3,6—, tendríamos que afirmar que este estudio demuestra que los hombres son mejores, más competentes y merecedores de ser felices que las mujeres. Pero claramente esa afirmación sería falsa.

El primer gran error de toda autoestima es que, en su formación, intervienen muchos factores que son **ajenos** al **propio individuo**. Y **todos** ellos están sujetos a numerosos fallos, como ocurre, por ejemplo, con una sociedad que durante miles de años arrastra prejuicios que llevan a valorar de forma más positiva y alentadora a los hombres y de manera más negativa y crítica a las mujeres. Eso contribuye a que, como se ve en la gráfica, los hombres se perciban a sí mismos de un modo más positivo que las mujeres, sin que se corresponda con una realidad objetiva. Es decir, la mayor autoestima de los hombres no se basa en un mayor valor, sino en los factores externos que han contribuido en la construcción de su autoestima, que los han valorado más.

Todo esto es un resumen, claro, pero sirve para ilustrar la primera prueba de que tu autoestima no es un reflejo exacto de tu valor real, ya que está distorsionada por factores externos.

Distorsionada por exigencias y comparaciones

El segundo error te lo explico con el mismo gráfico que, para simplificar, he modificado dejando únicamente la puntuación media de todos los participantes.

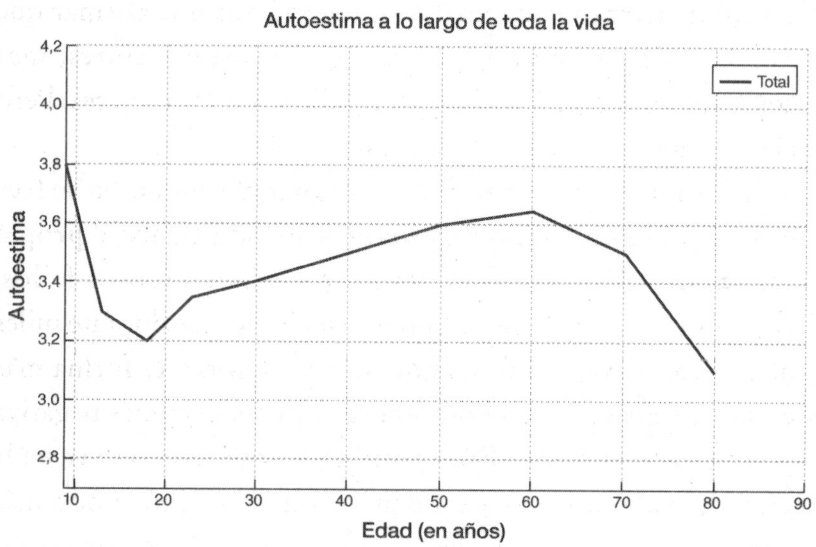

¿No te llama la atención que nos pasemos toda la vida criticándonos porque no somos suficientemente atractivos, o productivos, o porque no estamos tan en forma como nos gustaría, y un largo etcétera... y aun así nuestra autoestima sea más alta a los sesenta que a los treinta? Se supone que tenemos más capacidades para muchas cosas con treinta años que con sesenta, y también que nuestro cuerpo es menos bonito a medida que envejece, ¿no? E incluso así, nos valoramos más negativamente en nuestra juventud, cuando estamos en «nuestro mejor momento».

Esto se debe a muchos factores, pero principalmente al **segundo error** de toda autoestima: que a menudo **depende** más de lo que se **exige** una persona y cómo se **compara**, que de su valor real. Por eso podemos encontrar a una señora que no ha hecho deporte ni dieta en su vida paseándose por toda la playa en bañador, más que satisfecha consigo misma —y bien que hace—, mientras una joven de veinticinco años que se cuida —y que encaja mucho mejor en los cánones de belleza actuales— se queda sentada, insegura, y con una camiseta larga que le tape unas estrías o unos pechos, según ella, demasiado caídos.

A medida que sumamos años, nos vamos liberando de manera natural de algunas exigencias sociales, nos comparamos menos y nos centramos algo más en lo que tenemos en lugar de en lo que nos falta, por nombrar algunos factores que influyen en que nuestra autoestima aumente ligeramente con los años. La buena noticia es que no vas a tener que esperar a envejecer: vas a aprender a hacer esto ya, y bien hecho, tengas la edad que tengas.

Incapacidad para actualizarse

Venga, vamos al último error. Si vuelves a mirar la gráfica anterior, verás que parece que la autoestima experimenta grandes variaciones a lo largo de la vida, ¿verdad? Pero eso es porque el gráfico original se mostraba recortado, a modo de zoom, para mostrar solo las puntuaciones incluidas en el gráfico original y no dejar tanto espacio en blanco. Pero si ponemos la escala real de 0 a 5, veremos que la variación real es relativamente pequeña:

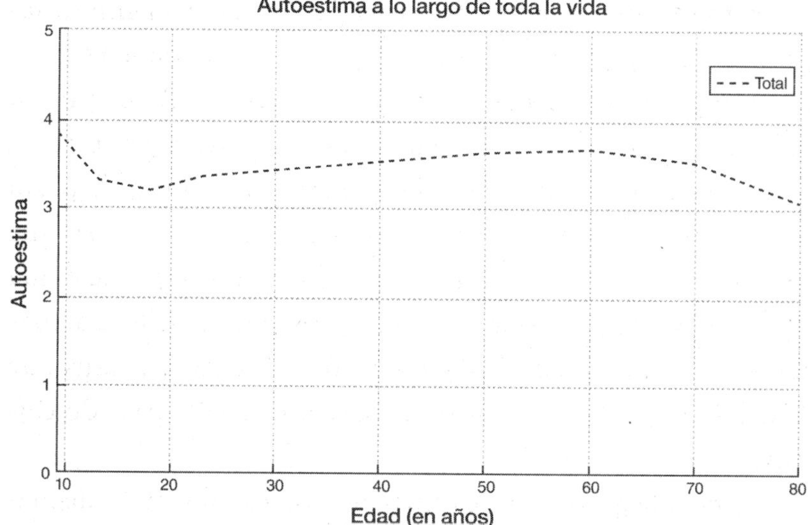

Aquí se aprecia bien que la autoestima es un rasgo **muy estable** en general, y salvo que se haga un trabajo específico en ella —como el que vas a hacer tú ahora—, varía muy poco a lo largo de toda la vida. Resulta extraño, ¿verdad? Y esto es así a pesar de los cambios personales y eventos importantes que puedan tener un impacto temporal, a excepción de eventos extremadamente significativos o traumáticos, que sí pueden implicar un impacto más duradero.

Es decir, si una persona llega a la adultez pensando que es un 4 sobre 5 —por decirlo de una manera muy simplificada, siguiendo la puntuación de las gráficas—, lo más probable es que pase toda su vida sintiéndose muy cerca de un 4. A veces dos décimas más abajo, a veces dos más arriba, pero no saldrá de ese pequeño rango.

Esto pone de manifiesto el **tercer gran error**: la **gran resistencia** que ofrece de manera automática la autoestima a la hora de ser **cambiada** o **actualizada**. Si una valoración pretende ser cierta, no debería permanecer casi inmóvil, ajena a lo que ocurra, ¿no? Por ejemplo, si llevas años yendo a tu restaurante favorito y siempre has salido encantado, pero las últimas cinco veces que has ido la comida y el servicio han sido terribles, ¿seguirías diciendo que es el mejor restaurante que conoces? O si un equipo que siempre había estado en segunda división asciende y queda tres veces seguidas entre los primeros, ¿continuarías afirmando que no es muy bueno? Con toda claridad, no. Sin embargo, si habláramos de ti, tu autoestima seguiría diciendo prácticamente lo mismo. Una vez que se termina de construir en nuestra juventud, es **muy difícil** de cambiar, pase lo que pase. Para bien o para mal.

Por culpa de esa resistencia, podemos encontrar a muchas personas que, a pesar de haber hecho grandes esfuerzos en mejorar aquellas cosas que creían que necesitaban mejorar para valorarse más —su físico, su carrera laboral, su estatus económico, algunas habilidades en concreto, etc.—, al final siguen teniendo la misma autoestima que tenían en su juventud, para desconcierto de todas las personas que les rodean, que están seguras de que tienen grandes motivos para valorarse más ahora.

Como ya hemos adelantado, la jirafa no puede entrar en la nevera si no sacamos primero al elefante. Espero que este capítulo haya conseguido plantar la semilla de la duda en tu cerebro, y te acuestes hoy con la idea de que, quizá, tu autoestima no es **tan cierta** como creías. Con eso es más que suficiente por ahora.

RESUMEN

Podemos asegurar que tu autoestima actual es errónea porque está construida sobre muchos grandes errores que han sido más que demostrados científicamente. Entre ellos:

1. Tu autoestima está muy distorsionada por culpa de factores externos que han influido en su construcción.
2. Tu autoestima puede explicarse más por cómo te exiges y te comparas, que por tu valor real.
3. Tu autoestima está hecha para resistirse enormemente a ser modificada, mientras que el ser humano está cambiando constantemente, por lo que no puede ser cierta si no cambia contigo.

Y hay muchos más, que descubrirás tú mismo a lo largo del proceso. El objetivo de este capítulo es empezar a sentar las bases para que desconfíes de tu autoestima actual y la empieces a ver como la mentira mal construida que es. Así podrás aceptar embarcarte en la búsqueda de la autoestima real que te corresponde.

3

El proceso injusto por el que se construye tu autoestima

Ahora que ha quedado argumentado con datos que tu autoestima está **mal construida**, te voy a explicar **cómo se forma** esta con una **metáfora** para hacerlo más llevadero. Cuando explico esto en terapia, en mis notas de consulta me refiero a ello como «**autoestima injusta**». Ya verás por qué.

Imagina por un momento que el destino existe. Que todas las personas, antes de nacer, tenemos ya escrito al detalle nuestro paso por la Tierra. También existe un Ministerio del Destino que se encarga de gestionar nuestro expediente y, entre otras cosas, asignarnos una autoestima que nos acompañará toda la vida.

En un mundo ideal, un funcionario recibiría tu expediente y se encargaría de leerlo al detalle, para así poder asignarte correctamente una valoración. Ya que te vas a quedar con una autoestima tan invariable, lo justo sería que fuese producto de un exhaustivo análisis de toda tu vida: lo que has hecho bien y lo que has hecho mal, tus éxitos, tus fracasos, tus mejores cualidades y tus defectos más notables.

Pero por desgracia, este ficticio Ministerio del Destino está colapsado y falto de personal, y ese pobre funcionario al que le llegó tu expediente no tenía tiempo para leérselo entero, así que de todos los capítulos que contiene —uno por cada año de vida— cogió un montoncito de únicamente siete capítulos consecutivos, con esperanza de obtener información suficiente para asignar tu autoestima con rapidez y poder pasar al siguiente.

Puestos a juzgar solo siete años de toda una vida, lo justo sería que fueran de una edad suficientemente avanzada, ¿no crees? De los cuarenta a los cuarenta y siete, por ejemplo. Así habrías tenido tiempo de aprender muchas cosas; de trabajar en tu carrera, en tu apariencia, en tu personalidad, en tus relaciones; de tropezar y volver a levantarte con la lección aprendida; de reinventarte si es necesario. Pero creo que ya intuyes por dónde va esto.

En efecto, se eligen siete años terriblemente injustos: **de los siete a los catorce años**, más o menos. [3] Una edad en la que casi todo lo que te **define**... se debe al **azar**. Tu vida se resume en que vives en un lugar que **no has elegido**, con una familia que no has elegido, vas a un centro escolar que no has elegido, con un físico que no has elegido —creado en equipo entre tu genética y los hábitos de tu casa—, y te relacionas con un montón de gente que no has elegido.

Más adelante tendrás tiempo de cambiar muchas de estas cosas y por fin podrás tener más control sobre tu vida y sobre lo que no te gusta. Pero entre los siete y los catorce años eres, a grandes rasgos, el resultado de aquello que te ha tocado de manera completamente aleatoria. Y sin embargo, se te va a **juzgar** por ello y se te va a definir **de por vida**.

¿Vas sintiendo esa rabia que aparece ante semejante injusticia? **Bien**. Es duro, lo sé. Pero no te cuento esto para que sufras, sino para todo lo contrario. Le vamos a dar muy **buen uso** a esta **rabia**: nos ayudará a **rebelarnos** contra todas esas **mentiras** y **destruir** esas **falsas creencias** sobre ti, producto de un proceso tan injusto y tan mal hecho.

Continuando con la metáfora, en cada capítulo de tu expediente no solo se cuenta todo lo que has hecho ese año. Al final también hay un apartado de **opiniones externas**, y allí se hallan registradas todas las veces que alguien ha dicho algo sobre ti, con palabras o con hechos.

¿Recuerdas que este funcionario imaginario iba con prisas? Pues efectivamente no se paró a leer con detenimiento esos capítulos; se fue directo al apartado final, que es más cortito, y se centró en lo que ahí ponía. Es decir, **se ha construido** el relato de quién eres y cuánto vales según **lo que han dicho de ti** —en esos años— estas fuentes, ordenadas de mayor a menor importancia:

- Tus **padres** u otras personas que hayan participado en tu **cuidado**, como abuelos, tíos, etc.
- Tus **iguales** (hermanos, primos, amigos, compañeros de clase, vecinos cercanos en edad, etc.).
- Figuras de **autoridad** (profesores, entrenadores...).
- Tu **entorno cultural** y medios de **comunicación** (televisión, redes sociales, etc.).

Es importante destacar que este es el orden inicial de influencia, pero a medida que se avanza en la adolescencia, los iguales adquieren cada vez mayor peso hasta poder situarse en primer lugar.

En definitiva, todas esas comparaciones, esas etiquetas, halagos, insultos, etc., se van sumando para definirte. Pero, claro, ¿qué pasa si hay información contradictoria? Pues que se elige tan solo la que tiene más peso.

Ejemplo

María tenía una abuela que siempre le decía que era muy guapa, pero algunos compañeros de clase la insultaban llamándola fea. Esto continuó ocurriendo hasta que terminó el instituto.

Como no se puede ser dos cosas opuestas a la vez, se acaba considerando como correcta únicamente la opción que ha tenido más peso hasta la fecha, según la frecuencia en que se ha recibido y la importancia de esa fuente de información en su vida.

Mientras aún era una niña, María se consideraba guapa porque la influencia de su abuela era muy grande, pero a medida que fue cumpliendo años y atravesando la adolescencia, la opinión de sus iguales se fue haciendo más importante. Cuando llegó a los catorce años, estaba convencida de que era muy fea, y acabó descartando por completo todas esas veces que su abuela u otras personas la llamaron guapa.

Y así acabaría el trabajo del funcionario de esta metáfora: tras el recuento de esos siete años, se elabora el informe final basándose en la información que más peso ha tenido al acabar ese periodo, por el que se te asignará esa autoestima para toda la vida.

Esa definición de quién eres se quedará **escrita en tu cerebro**, y no se borrará por mucho que pasen los años. Si no haces un trabajo específico en autoestima, como estás haciendo ahora, lo más probable es que tu experiencia sirva únicamente para confirmar aún más las creencias sobre tu autoestima, pero no para replantearte si son verdad o no.

¿Y por qué no se tuvo en cuenta **tu** opinión? Porque en esas edades las **áreas cerebrales** responsables del pensamiento crítico, como la corteza prefrontal, **están en desarrollo**. Esta región es fundamental para funciones como el razonamiento complejo y la evaluación crítica de la información. Por eso se aceptan las opiniones externas, especialmente de figuras de autoridad o personas que se consideran de confianza, como verdades absolutas. Entre los siete y los catorce años es **casi imposible cuestionar, rebatir o contextualizar** estas opiniones, porque tu capacidad para hacerlo está limitada biológicamente. Y una vez alcanzas la madurez cerebral suficiente para hacerlo, tu autoestima está ya solidificada y protegida de ser cambiada.

Por suerte, ahora tienes toda la capacidad biológica necesaria para cambiarla, solo necesitas las herramientas adecuadas para hacerlo. Y las vas a obtener.

RESUMEN

El proceso por el que se ha construido tu autoestima actual es semejante a como si alguien con prisas hubiese decidido quién eres con un criterio muy mal fundamentado. Pero ahora tienes el poder de revisar ese informe, corregirlo y reescribirlo con la verdad sobre quién eres y cuánto vales. Ese es el trabajo que estamos haciendo aquí juntos.

4

Un ejemplo (el mío) de construcción de autoestima

Como podrás imaginar, se podrían escribir decenas de libros con la enorme cantidad de errores que, incluso con la mejor de las intenciones, pueden cometer las figuras de autoridad o personas de confianza que hemos mencionado en el capítulo anterior a la hora de juzgarte y definirte.

Lo que un padre piensa de un hijo a menudo tiene más que ver con las creencias del padre que con la realidad del hijo. Si no, ¿cómo explicamos que haya niños que llegan a casa con miedo porque solo han sacado un 8 en un examen, mientras su compañero llega contentísimo porque ha obtenido un 6?

Vivimos en un mundo imperfecto, con una sociedad imperfecta creada por personas imperfectas, por lo que no es de extrañar que un trabajo grupal de esta magnitud, como es el de construir tu autoestima, pueda acabar con un resultado más que imperfecto.

Te recuerdo brevemente los grupos de agentes externos que han construido tu autoestima:

- Tus **padres** u otros cuidadores.
- Tus **iguales**.

- Figuras de **autoridad.**
- Tu **entorno cultural** y medios de **comunicación.**

Ejemplo

Este ejemplo corresponde a un caso real: el mío. Lo cuento porque es el que mejor conozco, aunque me consta que es parecido al de muchísimas otras personas, y he tratado numerosos casos similares en consulta.

Resumiendo mucho, entre los siete y los catorce años, siendo el hijo pequeño y teniendo a un hermano mayor que era un hijo modelo —obediente, formal, matrícula de honor en bachillerato—, para mis **padres**, ante mi fracaso escolar, yo era un vago, un desastre, un irresponsable. Para mis **iguales**, yo era un gordo —despectivamente, como si tuviera que ser algo malo—, un friki, un pringado. Me dejaban claro a diario que no querían relacionarse lo más mínimo conmigo.

Para mis **profesores** era tonto, inútil, un caso perdido. Me llegaron a decir que jamás podría aprobar ni la ESO.

Según mi **entorno cultural** y la **televisión**, yo no valía nada porque no era atractivo, vivía en un barrio humilde y no tenía amigos, tampoco posibilidades de futuro.

Como podrás imaginar, no me quería mucho en esa época, a pesar de que incluso entonces poseía muchas de las características de las que ahora me enorgullezco. Y tardé muchos años, pasados ya los catorce, en darme cuenta de que, si bien algunas de esas etiquetas eran ciertas —por mis aficiones sí que era un friki, por ejemplo—, la mayoría no lo eran.

Mis **padres** se equivocaron al creer que lo que define a un buen hijo son las notas o la obediencia ciega, incluso ante las normas injustas.

Mis **iguales** no estaban necesariamente equivocados, pero sí actuaron con mucha crueldad y su manera de expresar sus opiniones era muy equivocada. También resulta muy equivocado creer que las normas sociales de la adolescencia que me relegaron al último escalón de la jerarquía son válidas para toda la vida.

Mis **profesores** erraron al creer que unas malas notas siempre corresponden a una falta de capacidades intelectuales. De hecho, años después se midió el cociente intelectual de todo el instituto y mi puntuación fue la más alta. No lo menciono por presumir, ni mucho menos, sino para constatar con datos objetivos que **así de equivocado** se puede estar, aun siendo una figura de autoridad o un profesional.

Y en cuanto a mi **entorno cultural** y los **medios de comunicación**, bueno... quizá un barrio conflictivo en pleno auge del «fenómeno cani» o los cánones de la televisión de los noventa no eran los mejores contextos para que la mayoría de nosotros nos midiéramos por ellos.

Contándote mi caso no pretendo más que resaltar cómo puede parecer que todo el mundo está de acuerdo en que eres tal o cual cosa, y pasarte por ello toda la vida creyendo que tenían razón, a pesar de ser completamente falso.

Algunas cosas eran ciertas, pero podían cambiarse o no eran tan terribles como me hicieron creer en ese entorno específico —como tener sobrepeso—. Otras muchas ni siquiera fueron ciertas nunca.

Pero nada de eso importó porque, una vez que el mundo hizo su trabajo —chapucero— a la hora de definirme, se convirtió en la verdad absoluta para mí durante muchos años, y nada ni nadie conseguía convencerme de lo contrario.

Por suerte, estudiar Psicología me quitó la venda de los ojos, de la misma manera que espero que ocurra contigo en este proceso.

Ahora puedo afirmar con rotundidad que **me conozco realmente** y **me quiero sinceramente**, a pesar de mis imperfecciones. Que el relato que se había creado de forma colectiva sobre mí era más un producto de las carencias y prejuicios de otras personas que una definición fiel de mis cualidades, capacidades y derechos.

Ahora soy otra persona completamente distinta, a pesar de ser —por paradójico que pueda parecer— casi el mismo. **Y QUÉ BIEN SIENTA.**

Así que prepárate, que vamos a empezar contigo.

RESUMEN

Este capítulo no va de mí, sino de mostrarte que, aunque el mundo se haya equivocado contigo, tú todavía puedes aprender a mirarte con otros ojos. Porque conocerte de verdad, sin mentiras, sin etiquetas ajenas, es el primer paso para quererte de verdad.

Segunda parte

Reconstruyendo tu autoconcepto (el de verdad)

3

Cómo conocer tu autoestima actual

5

Cómo conocer tu autoconcepto actual al detalle

¿Recuerdas la distinción que hicimos al principio del libro entre autoconcepto y autoestima?

El autoconcepto se refiere a quién y cómo crees que eres, y la autoestima a cuánto crees que vales. Pues en este capítulo nos vamos a centrar en el primer aspecto, sin entrar en cómo de valiosos o importantes son esos aspectos de ti, ya que, como vimos anteriormente, para valorar algo de forma adecuada, primero hay que tener una buena definición de lo que es.

Así que vamos a recopilar con todo lujo de detalles tu autoconcepto actual. Si vamos a revisar toda la construcción que se ha realizado sobre tu persona, no podemos dejarnos nada fuera.

Esta puede ser la parte más dura de todo el proceso, ya que es muy común que nos afecte emocionalmente asomarnos a lo más profundo de nuestro ser —sobre todo teniendo en cuenta que es una versión muy negativa, distorsionada y a veces cruel de nosotros mismos.[4] Pero no te preocupes, aunque pueda ser algo desagradable al principio, nos va a aportar muchas cosas buenas más adelante y te vas a alegrar muchísimo de haber sido capaz de hacerlo.

Si algún punto se te hace demasiado duro, para y retómalo en otro momento. El trabajo que estás haciendo aquí es un acto de amor y cuidado hacia ti mismo; no te castigues por el camino.

Empezamos

Tarea

La primera tarea consiste en realizar un listado, lo más extenso y detallado posible, sobre los cinco pilares de tu autoconcepto: tus aspectos positivos, tus aspectos negativos, cómo te perciben los demás, tus éxitos y tus fracasos. Ahora detallaremos cada aspecto, pero antes quiero darte unas pautas generales para todo el ejercicio:

- Te animo a que escribas este listado en soporte **digital**: en las notas del móvil, Word, etc., ya que vamos a trabajar mucho esta información y suele ser más fácil modificar y anotar en este formato. Si decides hacerlo en papel, deja mucho espacio entre un listado y otro, así como entre líneas, para poder completar y hacer anotaciones más adelante.
- Para este ejercicio quiero que te tomes **unos días**. Empieza hoy y date un buen rato, sin prisas, para completarlo hasta que no se te ocurra nada más. Y quiero que lo tengas presente y te observes durante unos días; así, si descubres algo que no estaba en los listados, lo puedes añadir.
- Si **dudas** sobre incluir algo a la lista o no, hazlo. En este caso siempre es mejor que sobre a que falte, ya que nor-

malmente nos frenan ciertos miedos o inseguridades a los que no deberíamos prestar atención en este punto.

- **No puedes preguntarle** a nadie. Más adelante lo haremos, pero ahora mismo no estamos buscando tu «yo real», sino cómo crees que eres actualmente, sea cierto o no.
- Cuanto **más largo** sea cada listado, mejor, pero si te cuesta mucho, intenta esforzarte de verdad hasta tener al menos quince aspectos en cada uno de los tres primeros listados, y diez en los éxitos y fracasos.
- Posiblemente te ayude **redactarlo en tercera persona**, ya que las normas para hablar de nosotros mismos y para hablar de los demás son distintas; puedes decir que tu amiga María es muy guapa, pero no que tú eres muy guapa, ¿verdad? Y al revés, no se te ocurriría decirle a un amigo que es tonto, pero no tenemos problema en decir en voz alta que nosotros somos tontos.

  Con los años, esto afecta también a la forma en la que pensamos, ya que a veces no nos permitimos describirnos de manera positiva, pues sería prepotente o arrogante por nuestra parte, mientras que abusamos de las descripciones negativas porque están bien vistas e incluso premiadas por los demás, con respuestas como «Nooo, no digas eso, ¡que tú vales mucho!».

Vamos ahora con cada listado.

ASPECTOS POSITIVOS: En este apartado deberías añadir todo lo que se te ocurra que sirva para definirte, y que pueda ser interpretado como algo positivo. Desde aspectos muy **generales** o **abstractos** —como ser buena persona o tener las cosas claras— a **capacidades** —ser empático, paciente, divertido— o **habilidades concretas** —tocar la guitarra, hacer una tortilla de patatas estupenda, hablar inglés—. También cuentan los **atributos físicos**, como ser alto o tener la piel suave o los ojos bonitos.

Intenta imaginar que queremos crear un personaje protagonista para un libro de mil páginas. Si solo sabemos de esta persona que es inteligente, amable y tiene una bonita sonrisa, nos va a ser imposible escribir toda una historia centrada en él, además de ser un personaje muy plano. Una buena obra necesita protagonistas con profundidad, y para ello un escritor tiene que saber de antemano cómo reaccionaría el personaje ante una determinada situación, si sabe montar en bicicleta, su tipo de humor, etc. Ningún detalle sobra a la hora de darle forma y definirlo. Pues esto es lo que quiero que tengas en mente a la hora de hacer estos listados: no hay aspecto demasiado pequeño, demasiado irrelevante, demasiado común. Si forma parte de ti y se puede interpretar como, al menos, ligeramente positivo, **añádelo**.

ASPECTOS NEGATIVOS: Este apartado suele ser el más fácil. Es igual que el anterior en todo, pero con todas esas cosas que no te gustan de ti o que crees que son negativas.

CÓMO TE PERCIBEN LOS DEMÁS: Este apartado debería incluir los aspectos positivos y negativos que **tú crees** que los demás piensan de ti. Recuerda: no puedes preguntarle a nadie. Puede que encuentres información contradictoria —por ejemplo, tu madre cree que eres un desastre, pero tu pareja piensa que eres muy responsable—. En este caso, añade la que tú crees que es más común o que más gente cree sobre ti.

Además de encontrar esos aspectos basándote en las personas que forman parte de tu vida actualmente, te animo a que te plantees: «Si conociera a alguien nuevo ahora, ¿cómo me percibiría, tanto al principio como una vez que pueda conocerme más en profundidad?».

ÉXITOS: Cuando escuchamos la palabra «éxito», muchas veces la asociamos con grandes logros visibles desde el exterior: alcanzar un puesto alto en el trabajo, tener reconocimiento público, ganar mucho dinero o incluso ser admirado por los demás. Esta visión del éxito, aunque es válida, está profundamente influenciada por los estándares sociales actuales, y no es a lo que me refiero en este momento.

Para este propósito, quiero que tengas en mente el concepto de «tener éxito en algo», como forma de decir que has conseguido alguna cosa que has intentado, que te ha requerido un cierto esfuerzo y que no todo el mundo consigue el cien por cien de las veces. Puedes tener éxito en dejar de fumar, en atreverte a montar en avión —cuando te daba mucho miedo—, en aprender a tocar el piano por tu cuenta —aunque no seas un virtuoso— o en ser capaz de salir de una relación que te hacía daño. Ninguno de estos ejemplos te convierte en «una persona de éxito», pero has tenido éxito en tu intento de conseguir esas cosas y, por lo tanto, son muy útiles a la hora de definirte.

Con estos ejemplos quiero hacer hincapié en que tus éxitos no se limitan a aquellas cosas que puedes añadir a un currículum. Así que, además de añadir tus éxitos académicos o profesionales, quiero que pienses también en todo lo que has intentado y conseguido a nivel personal, social, etc.

También quiero aclarar que haber conseguido algo es más que suficiente para añadirlo a la lista, sin «peros». En consulta se da a menudo la situación de que alguien no añade, por ejemplo, su carrera universitaria porque al final ha acabado trabajando en otro campo y «no le ha servido de nada». Como si eso eliminara de repente todo el esfuerzo invertido y las capacidades que ha demostrado tener durante años para obtener ese título.

Este apartado será muy importante en el trabajo que nos queda por delante, así que cuanto más escribas aquí, mejor. Ten en cuenta que no hay logro suficientemente pequeño. Si lo has intentado y lo has conseguido, escríbelo.

FRACASOS: Al igual que ocurre con los aspectos negativos, este apartado también suele ser fácil de rellenar. Aquí van todas esas cosas que has intentado y no has conseguido, así como todo aquello en lo que crees que has fracasado, donde no has estado a la altura, no has sido capaz ni de intentar pero deberías haberlo hecho, etc.

Date unos días para completar estos listados, y no continúes leyendo el resto de los capítulos normales hasta que los hayas terminado. Lo que sí puedes leer mientras son los dos primeros interludios, que tienes a continuación. Son capítulos más breves que dan información sobre procesos mentales muy relacionados con el proceso de reparación de autoestima.

¡Mucho ánimo!

RESUMEN DE LA TAREA

Antes de seguir avanzando, dedica unos días a completar los cinco listados que definen tu autoconcepto actual: tus aspectos positivos, tus aspectos negativos, cómo crees que te perciben los demás, tus éxitos y tus fracasos.

Hazlo sin prisas, sin filtros y sin juzgar lo que aparezca. Recuerda: no estamos buscando la verdad objetiva, sino la imagen que tú tienes de ti mismo hoy. Cuanto más honesto y detallado sea este ejercicio, más útil será para el trabajo de reparación que vendrá después. Y si necesitas parar, hazlo: este es un acto de cuidado, no una carrera.

Puedes leer los dos interludios que tienes a continuación, aunque no tengas completada la tarea.

Interludio A

Por qué es tan difícil cambiar tus creencias: el instinto de supervivencia

Este es un tema muy complejo, pero, a la vez, muy importante para todo lo que vamos a hablar en este libro, ya que el objetivo final es cambiar muchas de tus creencias actuales, y te vas a enfrentar a mucha resistencia por el camino. Lo he dividido en cinco interludios, que encontrarás entre los capítulos, para que lo vayamos viendo en pequeñas dosis.

No hay nada más humano que estar firmemente convencido de que lo que crees es cierto. Estamos diseñados para que sea así por defecto. Por eso existen miles de «religiones verdaderas» y tantos equipos de fútbol que son «el mejor del mundo». Pero si todo el mundo defiende que sus creencias son las verdaderas y las de los demás son erróneas..., ¿puede todo el mundo estar en lo cierto? Por supuesto que no. Sin embargo funcionamos así, en gran medida por culpa de nuestro **instinto de supervivencia**. Verás:

Nuestro cerebro **no ha cambiado** prácticamente nada en al menos **treinta mil años**, que se dice rápido. Eso significa que cuando llegamos al mundo, lo hacemos con un equipamiento —cerebro, instintos, funciones biológicas, etc.— que está perfectamente preparado para el mundo que había hace treinta mil años. Está tan bien preparado que conquistamos el planeta con él. El problema es que ese equipamiento resulta algo defectuoso para el mundo en el que vivimos hoy en día.

Por aquel entonces lo más importante para el ser humano era la supervivencia, pues vivíamos en un mundo hostil donde la muerte acechaba a la vuelta de cada esquina en forma de depredadores, guerreros de otras tribus, etc. Y a la hora de **sobrevivir**, replantearte tus creencias te podía resultar **muy caro**.

Ejemplo

Imagina que vives en una tribu hace treinta mil años. Un día ves que alguien se come unas setas del bosque y, horas más tarde, empieza a encontrarse muy mal y acaba muriendo. Varios días después le vuelve a ocurrir a otra persona.

Inmediatamente, tu avanzado cerebro humano crea una conexión entre ambos hechos y desarrolla la creencia «las setas pueden matarte». Y lo hace, aunque no estés seguro de que hayan muerto por eso. Ni siquiera estás seguro de si han comido el mismo tipo de setas, pero nada te importa más que la supervivencia, así que, a raíz de esa creencia, no vuelves a comer setas jamás porque crees que podrías morir.

Tu instinto rápidamente decide que es mejor aferrarse con firmeza a esa creencia y, en caso de estar equivocado, solo pierdes el poder disfrutar de unos sabrosos champiñones el resto de tu vida. Porque si te permitieras dudar, ser curioso, poner a prueba esa creencia y arriesgarte a comerte las próximas setas que veas, estas podrían ser venenosas y costarte la vida.

De modo que, para evitar esa posibilidad y mantenerte vivo, tu instinto de supervivencia —que en este sentido es muy paternalista— te engaña pensando en tu bien y te dice: «TODAS las setas del mundo son venenosas». Y punto. Así no hay margen para el peligro.

De esta forma, lo asimilas como una verdad universal y lo defenderás a capa y espada ante quien se atreva a afirmar lo contrario porque, literalmente, te va la vida en ello.

Esto es lo que pasa con la mayoría de las creencias, **incluyendo las que conforman tu autoestima**. Tu cerebro sabe que has llegado a la adultez, vivo, gracias a tus creencias sobre ti mismo y sobre el mundo que te han mantenido a salvo. Así que... ¿cómo se te va a ocurrir intentar cambiar algo que funciona tan bien? ¿Y si te mueres? ¡Insensato!

Porque la felicidad, la paz, el disfrute, el bienestar... todo es **extremadamente secundario** si lo comparas con la supervivencia. Y, según tu cerebro anticuado, si hay que renunciar a todas esas cosas para asegurar que sigues vivo, **se renuncia sin miramientos.**

La buena noticia es que, treinta mil años después, la supervivencia está garantizada. Al menos para la mayoría de las personas que tenemos la enorme suerte de vivir en el primer mundo. Por lo que ya no es descabellado atrevernos a cambiar nuestras creencias, porque nuestra supervivencia **no depende de ellas.**

Por fin podemos permitirnos **priorizar nuestra felicidad** y atrevernos a ir en contra de nuestros instintos y funcionamientos básicos para conseguirlo. Hace tiempo que el ser humano aprendió a ignorar otros instintos básicos —como el de reproducirnos cada vez que tenemos la oportunidad o el de comer toda la comida que haya disponible en nuestro entorno—, y aunque aún se nos resiste en buena medida el instinto de supervivencia, hay mucho que podemos hacer al respecto.

RESUMEN

Tu cerebro y tus instintos no han cambiado en treinta mil años, y entonces se priorizaba la supervivencia por encima de todo lo demás. Arriesgarte a cambiar algo que has creído cierto desde siempre se interpreta como un peligro para tu vida, por lo que tu cerebro intenta protegerte engañándote para que no cambies nada.

Esto era muy útil hace treinta mil años, pero es muy dañino ahora, por lo que tendrás que aprender a derribar los mecanismos de defensa de tu instinto de supervivencia para poder cambiar las creencias erróneas que tienes sobre ti.

Interludio B

Por qué es tan difícil cambiar tus creencias: creencias centrales

Hay otro concepto muy importante, que es el de las **creencias centrales**. Si has visto *Del revés 2* (*Inside Out* 2) de Pixar, sabrás a qué me refiero. En esta película, la creencia de la protagonista «soy una buena persona» es la base de otras muchas creencias que se forman a raíz de esta. Si no has visto la película, te animo encarecidamente a que la veas —empieza por la primera parte si tampoco la has visto—. Vas a aprender muchísimo con ellas y son muy divertidas. Pero no nos desviemos.

Una creencia central se refiere a una idea o creencia **profundamente arraigada** en la mente de una persona, que forma parte de su **identidad** y que influye en su **comportamiento, pensamientos y sentimientos**. Se podría decir que son los cimientos que sostienen la mayoría de las creencias y pensamientos que tiene una persona. Esto significa que cuanto más central sea una creencia, cuanto más nos identifiquemos con ella y más sirva para definirnos, **más importante** es para nuestra estabilidad emocional. De la misma manera que cuanto más sólidos sean los cimientos de una casa, más estable será esta.

Modificar una creencia central es un tema muy delicado... y con el ejemplo de la casa se ve perfectamente. Si tuvieras que hacer obras en tu vivienda, cambiar una puerta no debería suponer mucho riesgo, ¿verdad? Aunque te salga mal, las consecuencias no serían importantes, ya que no afectaría a otras partes de la casa. Sin embargo, si tuvieras que derribar una columna o reparar los cimientos porque estuvieran en mal estado, deberías tener una precaución máxima, pues, de hacerlo mal, corres el riesgo de que se derrumbe la casa entera.

Pues esto es lo que pasa con las creencias centrales, y por eso es tan difícil cambiar tu autoestima sin ayuda: porque está formada por muchas creencias de este tipo.

¿Recuerdas que hablamos antes de tu instinto de supervivencia, y cómo se encarga de «protegerte» constantemente para que no mueras? Pues resulta que, hace treinta mil años, una enorme crisis emocional era mala para tu supervivencia. Si se pudieran alterar estas creencias centrales sin ningún tipo de protección —como quien se lía a hacer obras en casa sin tener ni idea—, se podría poner en peligro toda tu estabilidad emocional y podrías derrumbarte. Y caer en depresión, y quedarte todo el día tumbado y llorando sin querer comer ni dormir, podía hacer que fueras el primero en ser devorado por el oso que se acercaba a tu asentamiento en el bosque. Así que tu instinto dice que ni se te ocurra, que la casa ya está hecha y aquí no se toca nada. Que como mucho puedes permitirte una pequeña reforma en alguna opinión más superficial, pero ya está.

Ejemplo

Imagina que una persona ha crecido en un entorno donde se alimentaban mucho las ideas «conspiranoicas». Se interesó mucho por el tema cuando era niño y, de adulto, ha seguido dedicando su vida a demostrar esas teorías, en concreto, que la Tierra es plana. Esta persona podría tener creencias centrales tales como:

«Soy alguien que piensa de forma crítica».

«No soy fácil de engañar como el resto».

«Soy diferente a los demás; soy más inteligente, menos conformista».

«Soy un luchador, dispuesto a ir a contracorriente en la búsqueda de la verdad».

¿Qué crees que le pasaría si a sus cuarenta años consiguiera hacer un viaje espacial, convencido de que así podrá demostrar que la Tierra es plana, y fuera capaz de observar con sus propios ojos que nuestro planeta es esférico? ¿Crees que le sería fácil darse cuenta de que ha estado equivocado toda su vida y que, por lo tanto, la mayoría de sus creencias centrales y sobre sí mismo son mentira? ¿Piensas que admitiría que ha desperdiciado toda su vida defendiendo algo que es falso?

El impacto de semejante descubrimiento sería tan grande que no cabría otra respuesta que un *shock* emocional muy fuerte, y ya hemos establecido que eso viene fatal para sobrevivir en un mundo hostil.

Así que su instinto de supervivencia aparecería al rescate, usando todas sus herramientas para proteger creencias, por ejemplo, la negación: «Eso que has visto no es realmente la Tierra, porque el transbordador en el que viajas en realidad no tiene ventanas. El cristal no soportaría la presión. Lo que de verdad hay son pantallas que te están mostrando imágenes falsas para que no descubras que te están mintiendo».

Y listo, se ha ahorrado la crisis de un plumazo y el tener que rehacer su vida. En apenas unos minutos está preparado para volver y seguir otros cuarenta años defendiendo sus erróneas ideas, sorprendentemente con más motivos que antes, en lugar de con menos.

¿Significa esto que es arriesgado intentar cambiar algunas de tus creencias centrales? En absoluto, si se hace con una buena guía. Igual que no es peligroso hacer obras en casa si cuentas con un buen arquitecto.

Pero sí es importante recordar que tu instinto de supervivencia no sabe de psicología ni de nada actual, así que va a luchar en tu contra todo el tiempo para «protegerte» de ese supuesto riesgo. Estará dispuesto a engañarte, a ocultarte información, a distorsionar la realidad y mucho más a convencerte de que no hay nada que cambiar. Y nuestro trabajo será aprender a no hacerle caso para que no entorpezca el maravilloso trabajo que vas a hacer con todas esas falsas creencias relacionadas con tu autoestima.

RESUMEN

Las creencias centrales son como los cimientos de tu identidad: profundamente arraigadas, difíciles de cuestionar y protegidas por tu instinto de supervivencia. Cambiarlas puede resultar incómodo o incluso amenazante porque tu cerebro interpreta el cambio profundo como un riesgo para tu estabilidad emocional.

Por eso es tan difícil modificar tu autoestima sin ayuda: no se trata de cambiar una opinión superficial, sino de revisar la base sobre la que has construido tu forma de verte a ti mismo. Pero con guía, paciencia y el enfoque adecuado, esa transformación no solo es posible, sino profundamente liberadora.

6

Preparando el juicio justo que nunca tuviste

Ahora que tenemos un listado con todo lo que hemos podido recopilar sobre tu autoconcepto actual, el objetivo es que vayas viendo por ti mismo qué es cierto y qué no lo es. Quitaremos lo que sobra y añadiremos lo que falta.

Por primera vez en toda tu vida, se celebrará un juicio justo para evaluar de la manera más objetiva posible cada una de esas etiquetas que te definen. Pero antes, siguiendo la metáfora del juicio, te voy a explicar cómo ha ocurrido hasta ahora. Si has visto alguna película o serie estadounidense de abogados, entenderás perfectamente a qué me refiero.

Imagina que, cuando tenías catorce años, se celebró un juicio para ver si eras, por ejemplo, despistado. Podría haber sido así:

Primero, se levanta el **abogado de la acusación**; el representante de quien (o quienes) acusan a la persona juzgada de haber hecho algo.

—Su señoría, nos encontramos hoy aquí para demostrar que el acusado es muy despistado. Le adjunto la prueba número 1: la mochila que se olvidó con nueve años en la plaza de al lado del colegio. Estuvo jugando un rato antes de volver a casa y, al ver que se le hacía tarde, se fue corriendo y se la dejó allí. Les dio un disgusto grandísimo a sus padres, pues los libros que perdió eran muy caros.

»A continuación, le muestro la prueba número 2: la autorización para una excursión que, con once años, olvidó dar a sus padres para que la firmaran. Los profesores no podían creer que fuera el único niño que se presentó ese día en el colegio sin autorización, y tuvo que quedarse en la portería del centro toda la mañana, soportando los comentarios de cada docente que pasaba por allí.

»Y, por último, la prueba número 3: las llaves de casa que olvidó coger uno de los primeros días que le dejaron salir a la calle cuando no había nadie en casa. Al volver tuvo que llamar a su vecina y esperar con ella hasta que volvieran sus padres, que le dejaron muy claro la mala idea que había sido confiar en él con lo despistado que era.

»Creo que los hechos, así como los testimonios de todos estos adultos, no dejan lugar a dudas.

Al terminar, se levanta el juez y dice:

—Muy bien, ha quedado todo muy claro. Ahora es el turno del **abogado de la defensa**, que defenderá al acusado de las acusaciones aquí presentadas.

Y resulta que no había ningún abogado para defenderte. Por lo que al juez no le quedó más remedio que aceptar las pruebas de la acusación y declararte **culpable, para toda la vida**. A partir de ese día no se tendrían en cuenta nuevas pruebas: eres despistado y lo serás para siempre.

¿Que por qué no había nadie para defenderte? Te recuerdo lo que vimos en el capítulo 3.

Recordatorio

¿Y por qué no se tuvo en cuenta **tu** opinión? Porque en esas edades las **áreas cerebrales** responsables del pensamiento crítico, como la corteza prefrontal, **están en desarrollo**. Esta región es fundamental para funciones como el razonamiento complejo y la evaluación crítica de la información. Por eso se aceptan las opiniones externas, especialmente de figuras de autoridad o personas que se consideran de confianza, como verdades absolutas. Entre los siete y los catorce años es **casi imposible cuestionar, rebatir o contextualizar** estas opiniones, porque tu capacidad para hacerlo está limitada biológicamente.

Si no había ningún adulto para explicarte la situación de una manera distinta, y tú no tenías la capacidad de tener pensamiento crítico por ti mismo, nadie podía defenderte de tales acusaciones. Nadie que pudiera hacerte ver que estos hechos no eran pruebas de que fueras así por naturaleza, sino que probablemente eran simples errores que cualquiera podría cometer en situaciones normales. Y en otros casos ni siquiera eran errores, aunque los adultos a tu alrededor pudieran pensar lo contrario.

Es importante aclarar que, aunque las personas que te rodeaban pudieran hacerte daño con sus comentarios, eso no significa que tuvieran la intención de herirte. Muchas actuaban desde sus propias limitaciones y creencias, sin saber cuánto peso podrían tener sus palabras en tu vida. Siguiendo con la metáfora, si hubiera podido estar presente un abogado de la defensa en ese juicio, probablemente habría dicho algo así:

—Señoría, solicito permiso para desmontar estas acusaciones una por una. Respecto a la prueba número 1, olvidarse la mochila en la plaza a los nueve años no es un acto de despiste crónico, sino el comportamiento natural de un niño que está emocionado por jugar. Los niños priorizan el juego porque su cerebro está diseñado para ello; no son adultos en miniatura capaces de anticipar todas las consecuencias de sus acciones.

»En cuanto a la prueba número 2, olvidarse de entregar una autorización para una excursión a los once años no es un reflejo de un defecto personal, sino de cómo funciona la memoria en esa etapa del desarrollo. El cerebro adolescente está aprendiendo a gestionar responsabilidades y todavía necesita apoyo externo, como recordatorios de los adultos. Cualquier niño podría cometer el mismo error si el papel quedó olvidado en la mochila o bajo una pila de libros.

»Y respecto a la prueba número 3, dejarse las llaves antes de salir de casa, ¿qué adulto no ha olvidado alguna vez algo importante en un día lleno de prisas? Culpar a un joven de catorce años por un descuido así es un juicio desproporcionado, cuando lo que necesitaba era entender que el olvido forma parte de la experiencia humana y que a todos nos pasa, incluso a los más organizados.

»Por tanto, señoría, mi cliente no merece ser etiquetado como despistado. Los errores que aquí se presentan no son pruebas de un rasgo definitorio, sino ejemplos de aprendizajes en marcha, de una persona joven en pleno proceso de crecimiento, exploración y descubrimiento.

Si alguien te hubiera defendido con argumentos así, es probable que no hubieras asumido que eras «el despistado». Evidentemente, se puede cambiar «el despistado» por cualquier otro adjetivo, y el proceso es el mismo. Habrías entendido que los errores son parte de la vida y que no te definen como persona. Pero en ese momento no había nadie para explicártelo, así que te creíste esa etiqueta, cargándola durante años como si fuera la verdad absoluta sobre quién eres.

Lo importante es que hoy, como adulto, puedes solicitar que se repita ese juicio. Ahora puedes ser ese abogado que nunca tuviste y, aunque no sea fácil, juntos podemos conseguir un nuevo veredicto más justo, más humano y basado en la verdad de quién eres actualmente.

RESUMEN

Hasta ahora, muchas de las etiquetas que has arrastrado sobre ti mismo se decidieron en «juicios» injustos celebrados en tu infancia o adolescencia, en los que solo se escuchó a la acusación y no tuviste defensa.

Esas etiquetas se basan en errores normales en esas edades, o en expectativas irreales de otras personas, y fueron interpretados como defectos personales permanentes.

Pero no eran verdades absolutas: simplemente no tenías la madurez ni el contexto necesario para cuestionarlas. Ahora, como adulto, puedes reabrir ese juicio y actuar como el abogado que necesitaste en su momento, revisando con criterio y compasión cada una de esas creencias sobre ti para quedarte solo con las que realmente te representan hoy.

AVISO

Los capítulos 7, 8 y 9 son, con diferencia, los más complejos de todos. Este libro se basa en mi método de trabajo en consulta, y las tareas que se requieren en estos capítulos suelen estar supervisadas muy de cerca por mi parte en terapia. Al no poder vigilar personalmente tu progreso, me veo obligado a explicarte algunos conceptos más complicados, y a darte mucha información y ayuda para que puedas hacerlo por ti mismo lo mejor posible.

Es importante que encuentres un equilibrio entre intentar comprender de verdad el contenido y esforzarte en las tareas, pero sin llegar a machacarte si no entiendes algo, si te cuesta o si crees que no lo estás haciendo bien. Por suerte para ti, todo suma a tu progreso, por lo que hagas lo que hagas, no lo estarás haciendo mal; estarás avanzando y mejorando tu autoestima, que de eso se trata.

El resto de los capítulos serán más sencillos, y es muy probable que, a medida que avances, si en algún momento decides volver a estos capítulos, te sea más fácil comprenderlos mejor o ampliar las tareas. Así que, si ves que te atascas demasiado, sigue avanzando en el libro; siempre podrás volver más adelante. Este puede ser un buen momento para aprender a tratarte mejor ante la adversidad.

7

Detectando las partes erróneas de tu autoconcepto actual: aspectos negativos

Ahora sí, vamos a empezar el juicio revisando tu listado de aspectos negativos. Por ahora nos vamos a saltar el de aspectos positivos porque, honestamente, pocas veces me he encontrado en ese apartado algo que sobre, viniendo de una persona con baja autoestima. De hecho, se suele pecar de suavizar lo positivo —escribir «dicen que soy algo inteligente» en lugar de «soy inteligente»—, y de que falten muchos aspectos que descubriremos más adelante.

No te preocupes si al terminar este capítulo sientes que te ha costado mucho, que no has corregido tanto como deberías o incluso que «no te crees nada» de lo que estás haciendo. Aún tienes muchas barreras que intentan protegerte del cambio, y esta es solo la primera ronda. Cuando avances en el proceso, una vez hayan ido cayendo esas barreras, podrás volver a esta tarea y sacarle mucho más partido.

El objetivo de este capítulo es hacer un primer barrido para ayudarte a ver que la mayoría de los aspectos negativos que has listado pueden encajar en las siguientes cinco categorías:

1. **Esto nunca fue cierto,** pero te hicieron ver que lo era, y llevas cargando ese peso desde entonces —como el ejemplo de ser despistado del capítulo anterior—. Por lo tanto, no debería definirte de ninguna manera.
2. **Esto fue cierto,** en su totalidad o quizá solo un poco, en tu juventud, **pero hace tiempo que ya no es cierto,** por lo que ya no debería definirte en absoluto.

Ejemplo

Aquí podría servir mi historia de rechazo social. Durante mi juventud, era cierto que «no le gustaba a la mayoría de la gente», pero ese aspecto estuvo en mi autoconcepto durante muchos años después, a pesar de que tuviera muestras claras de aprecio por parte de compañeros de facultad, amigos, etc. Aunque me afirmaran y demostraran que me apreciaban, yo seguía pensando que en el fondo lo hacían por pena o por conveniencia, porque «yo no le gusto a la gente». Si bien me podía definir así con quince años en cierta medida, era erróneo por mi parte seguir haciéndolo con veinticinco. Pero lo hacía.

3. **Esto es cierto, pero puede ser cambiado.** Aquí encajan todos esos aspectos que realmente nos definen en la actualidad pero que podríamos mejorar para que dejaran de ser negativos. Muchas veces nos resistimos a intentarlo siquiera porque no creemos que sea posible cambiarlo, escudados en un «yo soy así». Otras, porque nos apreciamos tan poco que no creemos que merezca la

pena, como ponerle unas llantas bonitas a un coche viejo y estropeado. Y otras, porque es una consecuencia directa de la baja autoestima —como los celos propios de una persona insegura que cree que la van a dejar porque vale muy poco—, y resulta muy difícil de cambiar sin modificar tu autoestima primero. En mi experiencia, muchos de estos aspectos mejoran bastante por sí solos al reparar tu autoestima, y eso facilita que intentes cambiar otros —y lo consigas—. Te animo a que intentes no darle mucha importancia por ahora a aquellas cosas que encajen en este apartado, ya que muchas tienen los días contados.

4. **Esto es cierto y no puede —tiene por qué— ser cambiado**, pero sí puedes cambiar cómo te relacionas con este aspecto para que puedas aceptarlo e integrarlo como una parte de tu ser sin que te haga daño o te reste valor.

Ejemplo

Marga escribió en su listado «tengo poco pecho». Esto es algo que puede ser cambiado con cirugía —y es perfectamente válido hacerlo—, pero a veces arrastramos creencias que distorsionan nuestra realidad.

Es cierto que no se podía decir que «tuviera mucho pecho», aunque tampoco tenía «tan poco», ya que usaba sujetador de la talla 90 y copa B, que es una medida muy común en España. Puede que este caso encajara mejor en la siguiente categoría, porque, por ciertas vivencias en la adolescencia y unos cánones exagerados de la sociedad, estaba convencida de que tenía mucho menos de lo que realmente tiene. Pero como esto no es fácil de ver al principio, lo dejo aquí para que puedas centrarte en la segunda parte: si puede o tiene que ser cambiado.

Lo importante es que, incluso si le diéramos la razón con que tuviera poco pecho, estaba exagerando su importancia con creencias erróneas como «con este pecho nunca le voy a resultar atractiva a nadie», cuando es perfectamente posible incluso con una talla de pecho más pequeña que la suya, y muchas actrices o cantantes lo demuestran.

Por lo tanto, aprendiendo a verse de una manera más acertada y comprensiva, Marga pudo llegar a aceptar su cuerpo y poder sentirse a gusto y atractiva, sin operarse y sin tener que considerar su pecho como un defecto o un aspecto negativo de sí misma.

5. **Esto no es un aspecto negativo,** simplemente no es tan positivo como te han hecho creer que debería ser. A menudo, se nos imponen o se nos exigen unos estándares muy elevados para poder ser válidos en algo. Pero, de la misma manera que no tener un deportivo de lujo no te convierte automáticamente en pobre, que un aspecto no destaque mucho o no sea muy positivo no significa que sea negativo. Con frecuencia, me encuentro listados con aspectos como «no sé muchos idiomas», «no tengo una carrera universitaria» o «no toco ningún instrumento», como si fueran requisitos para ser una persona valiosa y no tenerlos fuera un defecto. Pero no lo son, y no deberían usarse para definirte.

Tarea

La tarea de este capítulo consiste en intentar asignar una categoría a todos los aspectos negativos de tu lista, o al menos a tantos como puedas.

Una buena estrategia para sobrepasar las barreras que impiden que cambies tus creencias es que intentes hacer esta tarea mirando tu listado como si se tratara del de un amigo de toda la vida. Tienes que ser completamente honesto, pero teniendo en cuenta que luego vas a tener que enseñarle el resultado y justificarle tus respuestas.

Imagina a alguien a quien conoces desde siempre, que sabes por todo lo que ha pasado y a quien aprecias profundamente. Alguien al que quieres ayudar, con cariño y compasión, a cerrar viejas heridas y a aprender a quererse más, según quien es ahora. Y como tienes que enseñarle el resultado, deberías pararte de verdad a intentar analizar cada aspecto, en lugar de darlo por sentado y asignarlo de inmediato a la categoría de «esto es cierto, no puede ser cambiado, y hace que valga menos como persona».

Ejemplo

Puede que veas en tu listado «soy impuntual» y pienses automáticamente que nunca podrás dejar de serlo, basándote en que ya lo has intentado otras veces y no lo has conseguido. Así que debería ir a la categoría 1 —es cierto y no puede o tiene por qué ser cambiado—, ¿no?

Pero, si habláramos de tu mejor amigo, ¿te sería fácil afirmar que jamás podría cambiar ese aspecto de sí mismo? ¿Nunca? ¿Ni aunque intente otras estrategias? ¿A pesar de mejorar su autoestima? ¿O cuente con ayuda? ¿O se lo proponga más seriamente que nunca?

Con seguridad, con él no podrías afirmarlo con tanta rotundidad ni tan rápido, y tendrías que pararte a reflexionar y sopesarlo seriamente. Deberías pensar en qué otras cosas sí ha conseguido cambiar. En qué factores pueden estar impidiéndole realizar ese cambio, y si esos factores pueden modificarse para que le sea más fácil volver a intentarlo.

En definitiva, es muy probable que tratándose de otra persona te obligues a tener más perspectiva, en lugar de juzgarlo con dureza y sin reparos.

Volviendo a la metáfora del juicio, llevas toda la vida escuchando solo argumentos de la «acusación». O al menos son los que permanecen en tu memoria, una vez que tu autoconcepto está terminado de construir. Argumentos que solo sirven para justificar que algo está mal en ti. Por eso tienes que obligarte a buscar pruebas que puedan defender cada uno de esos aspectos, porque no es el tipo de argumento al que estás acostumbrado y, por lo tanto, no van a aparecer de manera natural. Intenta demostrar su inocencia como si fuera el trabajo más importante de tu vida. Tranquilo, donde no hay defensa posible no te la podrás inventar, pero, haciendo esto, sí que puedes encontrar muchos argumentos que, al no haberlos buscado nunca, no sabías que llevaban ahí tanto tiempo.

Como puede resultar difícil de primeras, voy a exponer un caso real que he trabajado en consulta, para que veas cómo es el proceso y así lo puedas intentar aplicar a tu listado.

Ejemplo

Laura es un claro caso de persona a la que criaron con gran sobreexigencia. Por resaltar un par de detalles, en su infancia llegó a no acudir a los cumpleaños de sus amigos porque no podía perder ese tiempo, y nunca había probado el alcohol porque no se permitía perder el control en ningún momento.

Tenía treinta años cuando acudió a mi consulta, y ya era profesora de conservatorio, tenía dos carreras universitarias y un máster, hacía ejercicio a diario, colaboraba con dos ONG, vivía con su pareja y, aparentemente, llevaba una vida idílica. A pesar de ello, tenía mucha ansiedad y vivía con mucho malestar todos los aspectos de su vida. Dudaba de sí misma todo el tiempo y tenía una autoestima muy baja.

Este es el listado de aspectos negativos de Laura, que ella escribió en tercera persona, ya categorizados:

- Se le da mal la geografía: **1**
- Tiene poca empatía: **1**
- Tiene faltas de ortografía: **1**
- Es poco inteligente: **1**
- Es obsesiva: **3**
- Es rígida: **3**

- Es exigente: **3**
- Es más dependiente emocionalmente de lo que le gustaría: **2**
- Es muy emocional: **1**
- Es impulsiva: **2**
- Tiene muchos miedos (muerte, vejez, soledad...): **3**
- Es cuidadora: **3**
- Es controladora: **3**
- Es competitiva: **3**
- Es impaciente: **3**
- Lee muy poco: **5**
- A veces es envidiosa: **1**
- Masca mucho las cosas en su cabeza: **3**
- No ayuda a los demás tanto como le gustaría: **5**
- Es insegura: **3**
- Es inconformista: **3**
- Tiene las manos y los pies muy anchos: **4**
- Tiene mucha nariz y unas ojeras muy oscuras y marcadas: **4**
- No es muy alta: **5**
- Su piel es blanca y con muchas marcas, y la piel es muy sensible: **4**
- No tiene la barriga plana y se nota un poco de panza, como si estuviera hinchada todo el tiempo: **5**

El caso de Laura, aunque es poco representativo al haber crecido en unas condiciones relativamente extremas e inusuales, tiene elementos muy habituales en este apartado.

Los primeros aspectos del listado suelen ser los más antiguos, los que se nos quedaron clavados en un momento vulnerable. Puede parecer muy llamativo que lo primero que use una persona para describirse sea que se le da mal la geografía, pero insisto en que es un caso real. Resulta que fue la única asignatura que suspendió en su vida, y fue algo a lo que se le dio mucha importancia en su casa. Más adelante tuvo otros profesores de geografía y le fue mucho mejor, pero no borró la mancha en su expediente mental. También recuerda que su madre la ridiculizó de niña delante de toda la familia por decir que Nueva York estaba en Europa. A pesar de haberse esforzado en aprender sobre geografía incluso en su vida adulta —honestamente, hablando con ella, manejaba el tema mucho mejor que yo—, seguía manteniendo que sabía algunas cosas porque le había dedicado tiempo, pero que «se le daba fatal». Sobra decir que en realidad no era así, y por eso encaja en la **categoría 1** —nunca fue cierto—. Algo parecido ocurría con el resto de los elementos bajo esta categoría.

En cuanto a la **categoría 2** —fue cierto en algún momento, pero ya no—, era cierto que en su adolescencia fue más impulsiva y dependiente emocionalmente de lo habitual, sobre todo de sus padres y de su pareja, pero nada parecía indicar que fuera cierto en la actualidad. Aun así, estaba muy pendiente de no repetir aquellos errores, llegando incluso a veces a ser excesivamente dependiente o indecisa, por no actuar «por impulso».

Y en la **categoría 3** —es cierto, pero puede ser cambiado—, es donde encontramos la parte más importante. Tras evaluar bien a Laura, parecía cierto que tuviera comportamientos excesivos en las áreas mencionadas, pero, para su sorpresa, no era porque ella «fuera así», sino porque había **aprendido** a ser de este modo para intentar alcanzar las altas expectativas que caían sobre ella. Si tienes que ser la mejor estudiante de tu clase, la mejor artista de tu conservatorio, tener un físico envidiable y, en definitiva, ser prácticamente perfecta, es casi obligatorio ser exigente, rígida, obsesiva, controladora, competitiva, inconformista, etc.

Porque, de lo contrario, sería imposible dar el cien por cien de ti en tantas áreas mientras eres solo una niña o una adolescente. Y tras toda una vida intentando ser perfecta —sin conseguirlo, claro, porque es una meta inalcanzable—, empieza a aparecer la inseguridad, que lleva a su vez a la rumia y al miedo excesivo.

Al trabajar su autoestima y liberarse del yugo de intentar ser perfecta, por fin dejó de necesitar estrategias como exigirse excesivamente, dedicarse de forma obsesiva a sus responsabilidades o seguir con rigidez las directrices de lo que creía correcto. En definitiva, al cambiar su autoestima —y con algo de práctica— dejó de ser así.

En la **categoría 4** —es cierto y no puede o tiene por qué ser cambiado— también hubo un cambio interesante, ya que al abandonar sus ideales de perfeccionismo pudo aceptar aquellos aspectos de su físico que no le gustaban y con los que tanto se había obsesionado en su vida. Lo curioso es que Laura era una chica que encajaba muy bien en los cánones de belleza, y era considerada muy atractiva en su entorno, pero eso no le impidió castigarse toda su vida por aquellos aspectos de su físico que consideraba que no eran «como deberían ser». Sinceramente, yo los hubiera puesto en la categoría 5, pero no soy quién para definir su físico, así que tampoco están mal en esta categoría, una vez que ha aprendido a darles la importancia que de verdad merecían, es decir, muy poca.

Por último, en la **categoría 5** —no es un aspecto negativo—, vimos que algunos elementos como su estatura estaban en la media, por lo que no pueden ser considerados negativos. A su vez, otros aspectos no solo no eran negativos, sino que podían ser considerados positivos si se comparaban con la mayoría de la población, como era el caso de la lectura, pues, tras consultar las estadísticas, vimos que su número de lecturas anuales superaba la media española.

Como decía al principio de este capítulo, no se espera que puedas identificar a la perfección todos estos matices; incluso en terapia nadie lo hace al principio. Pero sí que podrás identificar algunos aspectos que encajen en estas categorías y te hagan plantar la semilla de la duda sobre ellos, y por lo tanto empezar a quitar las primeras capas sobrantes de tu autoconcepto.

No sigas leyendo hasta que no hayas realizado esta tarea y hayas podido categorizar todos aquellos aspectos que, al menos, parezcan sospechosos de encajar en una de las cinco categorías.

No te desanimes, el proceso será cada vez más fácil y a medida que avances, lo irás viendo todo con más claridad y certeza.

Resumen de la tarea

Revisa tu lista de aspectos negativos e intenta asignar cada uno a una de las cinco categorías propuestas. Hazlo como si evaluaras la lista de un amigo al que quieres ayudar con honestidad y compasión, justificando cada clasificación.

No te limites a asumir que algo es un defecto inamovible: cuestiónalo, analiza si se puede cambiar, si es una creencia aprendida de malas fuentes o si ni siquiera es realmente negativo. El objetivo es empezar a desmontar creencias que sostienen tu baja autoestima.

Interludio C

Por qué es tan difícil cambiar tus creencias: disonancia cognitiva

A estas alturas ya empiezas a ser consciente de que tu autoestima tiene más mecanismos de seguridad que un banco suizo. No pasa nada, no van a impedir que consigas reconstruir tu autoestima, pero para desarmarlos tendrás que conocerlos.

Te presento a la disonancia cognitiva. No es un mecanismo de defensa como tal, pero sí es un fenómeno que dispara numerosos mecanismos que veremos más adelante. Empecemos por el nombre:

- **Disonancia:** las cosas que son consonantes entre sí son aquellas que podrían encajar bien, que van de la mano. Como el pan y la mantequilla. Pues algo disonante es lo contrario, algo que no encaja bien, que chirría. Como la sobrasada y el chocolate. Ugh...
- **Cognitiva:** el término cognitivo se refiere a cómo procesamos la información, al conocimiento, a lo mental.

Si unimos las dos palabras, la disonancia cognitiva hace referencia a dos piezas de conocimiento que no encajan entre sí. En el caso que nos ocupa, una creencia y un hecho.

Al cerebro le gusta que todo esté en orden, que todo tenga sentido, que todo encaje. Ya sabes, por aquello de sobrevivir. Le molesta muchísimo cuando algo estropea ese orden, y si aparece una disonancia cognitiva, hace todo lo posible por eliminarla, sin que jamás seas consciente del proceso.

¿Y cómo la elimina? Muy fácil, modificando una de las dos partes hasta que por fin encajen entre sí. Se entiende mejor con un ejemplo.

Ejemplo

Imagina a una persona que tiene la creencia «soy una persona honrada». Y yendo por la calle ve cómo se le cae la cartera a la persona que va delante, que sigue caminando sin darse cuenta. Al coger la cartera con intención de devolverla, nota que abulta mucho. Por curiosidad la abre y descubre un gran fajo de billetes dentro. Unos mil euros. Cuando vuelve a mirar a su alrededor se da cuenta de que nadie le ha visto coger la cartera, así que decide guardársela y seguir su camino como si no hubiera pasado nada.

¿Te parece que el hecho de quedarse con el dinero de otra persona encaje bien con la creencia de ser una persona honrada? Probablemente no. Pues sin mecanismos de defensa, esta persona empezaría a sentir un gran malestar, producto de esa disonancia cognitiva. Se quedaría atascado en su mente como un ruido molesto al que no puedes dejar de prestar atención.

Pero ya hemos dicho que la mayoría de las veces esto no llega a ocurrir, porque se modifica una de las dos partes inmediatamente para que encajen desde el primer momento, y así evitar el sufrimiento.

Esta pregunta la hago mucho en consulta: ¿Qué es más fácil, cambiar una creencia o un hecho? Si tu respuesta es: «Una creencia, porque el hecho ya ha ocurrido y no lo puedes cambiar», me temo que te equivocas. Debería ser así, pero ya hemos establecido que tu cerebro quiere evitar que tus creencias cambien a cualquier precio, así que hará lo posible por modificar el hecho. Y no puede cambiar el hecho, aunque sí puede cambiar cómo te lo cuentas.

Piénsalo por un momento: ¿cómo podría contarse este suceso para que no sea tan malo, y así encaje con la idea de ser una persona honrada? En serio, párate e inténtalo antes de seguir leyendo.

¿Ya? Vale, pues te dejo con algunas posibles justificaciones, a ver si se parecen a la que has pensado tú:

- «Con la cantidad de dinero que lleva encima esta persona, tiene que ser rico o alguien a quien le va muy bien. Seguro que no le afecta en nada la pérdida, y a mí sí que me hace mucha falta el dinero».
- «A mí me han pasado muchas cosas malas en la vida, ya era hora de que me sucediera algo bueno para variar, esto es una señal del universo».
- «Si lleva tanto dinero en efectivo, tiene que dedicarse a cosas ilegales, seguro que vende droga o algo parecido. Pues le viene bien un poco de karma, que se fastidie».
- «Este dinero me va a servir para hacer algo bueno,

verás qué contenta se va a poner mi madre con el sofá nuevo que voy a poder comprarle».

Podríamos seguir un buen rato, pero creo que se entiende. Al reinterpretar inconscientemente este hecho como algo justo o incluso algo merecido, se evita la disonancia cognitiva y se mantiene el orden. Todo puede seguir igual, como le gusta a tu cerebro, sin haber sufrido ni un segundo por ello.

Ahora que lo has entendido, vamos a aplicarlo a tu autoestima. Tu autoconcepto se forma con muchas creencias sobre ti mismo. Tiene sentido que, si tu autoconcepto se ha construido de manera errónea, te enfrentes de manera habitual a situaciones que podrían generar esta incomodísima disonancia cognitiva. Porque crees que eres de una manera, pero a menudo te ocurren cosas que no encajan con quien crees que eres.

Ejemplo

Si piensas de forma errónea que eres poco inteligente y has sacado muy buena nota en un examen, rápidamente pensarás que has tenido suerte. O que era muy fácil. O que es porque te has esforzado mucho, no porque tengas buenas capacidades. O que se han equivocado corrigiendo. Básicamente, cualquier cosa a la que pueda agarrarse tu mente que pueda justificar que una persona poco inteligente como tú saque esa nota tan alta. Así, no tendrás que replantearte si quizá eres más inteligente de lo que crees. Con lo «peligroso» que es cambiar creencias, y lo molesto que puede ser, ¿no? Mejor seguir viviendo una mentira segura, o eso al menos es lo que cree tu instinto.

Lo bueno de todo esto es que, si tu autoestima es incorrecta, ¡la disonancia cognitiva es tu aliada! Si aprendes a permitir esa incomodidad y así poder ver la incoherencia que hay entre tus creencias y lo que haces o lo que te ocurre, será mucho más fácil cambiar tus creencias por unas más correctas. Por eso, en los próximos interludios aprenderemos los mecanismos de defensa concretos que utiliza tu cerebro para evitar la disonancia cognitiva, y cómo contrarrestarlos.

RESUMEN

La disonancia cognitiva es el malestar que se produce cuando una creencia entra en conflicto con un hecho. El cerebro trata de eliminar esa incomodidad reinterpretando los hechos para que encajen con la creencia previa. Esto ocurre de forma automática, sin que seas consciente, y permite mantener la coherencia interna sin cuestionar tu propio sistema de creencias.

Para reparar tu autoestima hay que aprender a tolerar esa incomodidad y ver la disonancia cognitiva como una oportunidad. Reconocer cuándo los hechos no encajan con las creencias personales es una oportunidad para el cambio. En lugar de proteger una mentira segura, se trata de usar esas incoherencias como señales para revisar y actualizar las creencias que son erróneas y nos hacen daño.

8

Reescribiendo tu historia

Si has leído el último interludio, habrás visto que tu cerebro está diseñado para confirmar constantemente sus creencias. Por eso tu autoestima parece acertada, porque has recopilado muchas pruebas a lo largo de toda tu vida de que es cierta, cuando la verdad es que muchas de ellas no son más que versiones de la realidad, distorsionadas para que encajen con el relato de quien crees que eres.

Una de las formas más comunes de distorsionar esta realidad —siempre de manera inconsciente, claro— es a través del modelo atribucional descrito por Bernard Weiner.[5]

Las atribuciones son los procesos mediante los cuales interpretamos y explicamos las causas de los eventos que vivimos. A través de ellas, intentamos dar sentido a lo que nos ocurre, identificando por qué ha sucedido algo y qué factores pueden haber influido en ello.

Esto ocurre de manera completamente automática e inevitable. Cuando nos sucede algo, siempre tenemos una teoría de por qué creemos que ha pasado: porque he trabajado mucho para ello, porque he tenido mala suerte, porque me lo merezco, porque esa persona me quiere mucho, etc.

Para el trabajo en autoestima, hay un aspecto de las atribuciones que es esencial que conozcas y aprendas a manejar bien, porque es muy probable que te equivoques en ello a diario y, por lo tanto, sigas reafirmándote en tus creencias erróneas. Este aspecto es la diferencia entre las atribuciones internas y las atribuciones externas:

- Atribución **interna** (que abreviaremos en **AI**): todo lo referente a ti; tus capacidades, tus acciones, quién y cómo eres.
- Atribución **externa** (que abreviaremos en **AE**): todo lo que es ajeno a ti o a tu control; las acciones de otras personas, los eventos aleatorios como un accidente, los eventos incontrolables como el clima, etc.

Ejemplo

Si hoy he jugado un partido de pádel y lo he perdido, puedo atribuirlo a las siguientes causas:

- **Internas:** he estado distraído todo el partido, me dolía la rodilla, anoche no dormí bien, soy torpe, no sé jugar bien en el lado del revés, etc.
- **Externas:** la otra pareja tenía un nivel muy alto, la pista estaba mojada, he tenido mala suerte, hacía mucho viento, mi compañero es muy malo, etc.

Normalmente solemos hacer atribuciones de ambas categorías, pero lo más habitual es que tendamos a generar más de una categoría que de otra. En las personas con baja autoestima, la diferencia entre ambas suele ser aún más acusada, es decir, hay una mayor descompensación entre las atribuciones internas y externas.

Esto se traduce en que si tienes **éxito** en algo y las atribuciones que haces son, en su mayoría, **internas**, te sentirás bien: te verás como alguien competente que es capaz de conseguir eso que se había propuesto y confiarás en que puedes volver a hacerlo bien en el futuro.

Pero si tus atribuciones son en su mayoría **externas**, puedes seguir creyendo que no eres bueno en esa área, que no eres competente, ya que solo te ha salido bien por factores ajenos a ti, como la suerte, la baja dificultad de la tarea o la intervención de otras personas. Viéndolo así, el éxito prácticamente no ha dependido de ti. De modo que puede que la próxima vez esos factores no jueguen a tu favor y te salga mal.

Y lo mismo ocurre con los **fracasos**; si la atribución es mayoritariamente **externa**, puedes seguir valorándote positivamente y confiando en ti, pues hasta los mejores tienen un mal día o las condiciones no están de su parte en algún momento concreto.

Pero si la atribución es más **interna**, reforzará tus ideas de que, en efecto, no eres suficientemente bueno o competente como para tener éxito en eso que has intentado, que tu fracaso está justificado y es una buena prueba de tus carencias o defectos.

Está demostrado que las **personas competentes** —es decir, con capacidades y habilidades suficientes para tener éxito en un área— pero **con baja autoestima** tienden a un patrón de atribuciones distorsionado. En concreto, realizan una **alta atribución externa** en sus **éxitos** y una **alta atribución interna** en sus **fracasos**. Las peores combinaciones posibles. En el siguiente gráfico se representa a modo de ejemplo:

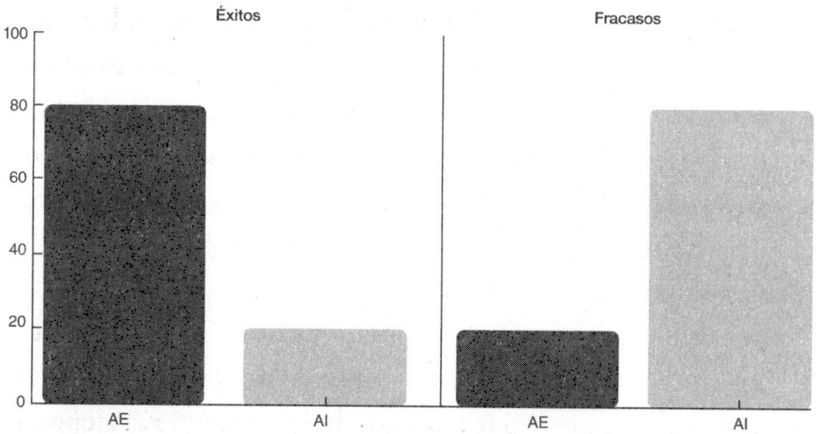

A través de esta tendencia a distorsionar los hechos siempre en la misma dirección, es como una persona puede seguir justificándose a sí misma no ser competente en algo, aunque haya numerosas pruebas objetivas de que sí lo es.

Ejemplo

Laura, la chica del ejemplo del capítulo anterior —del listado de aspectos negativos—, estaba convencida de que era poco inteligente. En su primer año en la facultad no solo aprobó todos los exámenes, sino que obtuvo una nota media de más de un nueve, una de las notas más altas de todo su curso. Para cualquier persona es evidente que Laura debe tener unas buenas capacidades intelectuales, al menos ligeramente superiores a la media, para obtener tan buen resultado en una carrera complicada. Pero cuando alguien le mencionaba el tema, ella expresaba con sinceridad sus dudas sobre el segundo curso, que creía que era perfectamente posible que no consiguiera superar, y se justificaba de la siguiente manera:

«Es cierto que he aprobado todos los exámenes con buena nota, pero es que la mayoría eran tipo test, que son mucho **más fáciles** que los de desarrollo (**AE**). Aunque es verdad que **me he esforzado** y he estudiado mucho (**AE**), solo lo he hecho porque no soy muy lista, y si no le dedico muchas horas, suspendo seguro. Pero en la mayoría de los exámenes respondí muchas preguntas que dudaba, así que en realidad he tenido mucha suerte (**AE**). Además, a algunos profesores les caigo bien, y estoy segura de que, como me han visto que lo pasaba tan mal en los exámenes, **me han subido la nota** por pena (**AE**). Y esto ha sido en el primer curso, que es el **más sencillo** (**AE**); en el segundo seguro que me va peor.

Como podemos ver, la mayoría de sus atribuciones son externas, quitándole casi por completo el mérito de sus logros. La única atribución interna que realiza es sobre su capacidad de esfuerzo, una de las pocas características positivas que son capaces de afirmar con certeza las personas de este perfil. Esto acaba invisibilizando todas las otras cualidades positivas que también tiene y que influyen en este resultado, como su inteligencia, su memoria, su capacidad de organización y planificación, sus buenas técnicas de estudio, su capacidad para controlar los nervios en el examen y rendir correctamente, etc.

Si Laura hubiera hecho una atribución más correcta, debería haber estado orgullosa de sus notas y más tranquila para el siguiente curso, ya que contaba con capacidades y habilidades suficientes para aprobar sin problemas. Y así fue, de hecho, a lo largo de toda su carrera.

Y aunque este ejemplo pueda parecer muy exagerado, es muy real y mucho más común de lo que parece. Estoy seguro de que has conocido al menos a una persona muy atractiva que cree de verdad que no le gusta a la gente y que solo liga por ser simpática; a alguien con mucho talento artístico que le desagrada lo que hace y cree que es mediocre; a alguien que cae muy bien pero que piensa que, en el fondo, mucha gente no le aprecia, y un largo etcétera.

Lo curioso de todo esto es que somos muy buenos reconociendo estas incongruencias en los demás, porque nuestro cerebro está hecho para distorsionar solo **nuestra realidad**, ya que únicamente le importa **nuestra supervivencia** y no la del resto de personas. Por eso vamos a utilizar un pequeño truco en la siguiente tarea, a la que en consulta llamo **«la historia jamás contada»**. En ella te vas a obligar a reescribir tu historia como si fuera la de otra persona, para minimizar esta distorsión.

¿A qué me refiero con la historia jamás contada? Si usamos el ejemplo de Laura, se ha contado a sí misma que las atribuciones de su éxito académico se reparten como en el gráfico de la izquierda de la siguiente imagen. Pero, en realidad, la atribución correcta sería como se aprecia en el gráfico de la derecha.

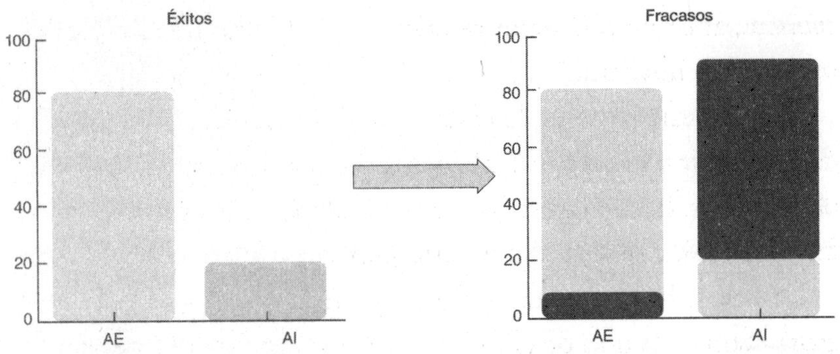

Podemos apreciar que en realidad **sobraba** la parte de la historia de su atribución externa, y que **faltaba** toda esa atribución interna por contar, para explicar correctamente los hechos.

Su historia previa era la de una chica poco inteligente que, de forma sistemática, tenía suerte o recibía ayuda en tareas que en el fondo eran fáciles. Cuando lo cierto es que la historia jamás contada sobre Laura —o al menos jamás contada por ella misma— es la de una chica competente, con buenas capacidades y habilidades, que sumadas a su esfuerzo le permitían tener éxito y destacar en tareas complicadas. Y esto vas a aprender a hacer contigo, porque te mereces saber la verdad sobre ti.

Tarea 1

Esta tarea tiene dos partes. En la primera, vas a volver a listar todos los **éxitos**, y tras cada uno de ellos, quiero que escribas con detalle toda la **atribución interna** que seas capaz de encontrar. También te animo a que le des una segunda vuelta a ese listado y veas si puedes añadir algún éxito más, aunque sean pequeñitos o que no sabes si considerar como tal. En mi experiencia, al principio siempre faltan, y cada uno de ellos acaba resultando muy útil.

Como esta parte de la historia es prácticamente desconocida para ti, intenta repasar de forma mental lo ocurrido buscando pruebas, hechos objetivos que puedan implicar unas ciertas **habilidades, capacidades o actuaciones** positivas por tu parte.

Y como te va a costar, quiero que te hagas la siguiente pregunta con cada uno de ellos: Si tuviera que describir a una persona que muy probablemente tuviera éxito en esto mismo, sin ningún tipo de ayuda externa, ¿qué habilidades, capacidades o actuaciones debería tener?

En esta parte del proceso todavía habrá mucha resistencia por tu parte a hacer atribuciones positivas sobre ti, pero quiero que intentes hacerlo, aunque sea de manera teórica, sin que realmente lo sientas como cierto. No te preocupes, lo acabarás creyendo más adelante.

Ejemplo

Uno de los éxitos de Laura era:

Comparto mi vida con una persona que me hace muy feliz.

Inicialmente, la mayoría de su atribución era externa: había tenido la **suerte** de encontrar a una **persona maravillosa** que se esfuerza mucho por hacerla feliz. Dicho así, parece que todo el mérito de semejante logro era producto de la casualidad y de la otra persona. Pero al preguntarse, por primera vez, si ella contribuía en algo dentro de toda esta suma de factores que explicara por qué había conseguido tener una relación así, encontró que:

- Ella es una persona amable y cuidadora, que hace muchos esfuerzos por tratar bien a su pareja y atender a sus necesidades.
- Es activa y creativa, y a menudo está buscando planes para hacer en pareja y para compartir cosas nuevas.
- Es independiente y, por lo tanto, respeta el espacio de su pareja cuando lo necesita.
- Siempre le ha sido fiel y hace todo lo posible por no fallarle en ningún aspecto.
- Sabe escuchar y apoya a su pareja en los momentos difíciles.

La lista sigue, pero creo que se entiende. Es curioso cómo Laura no les daba importancia a todos estos aspectos porque, según ella, «es lo mínimo que alguien puede hacer en una relación». Sí, tú y yo sabemos que eso **no** es lo mínimo, porque hemos recibido bastante menos otras veces. Sin embargo, ella valoraba mucho esos aspectos en otras personas, y cuando por fin se paró a pensarlo, pudo ser consciente de que no todo el mundo los cumple.

Para este ejercicio, le ayudó mucho preguntarse: ¿Cómo debería ser y comportarse una persona para merecer a alguien como mi novio y conseguir que él también sea feliz? Así vio que ella también cumplía muchos de los aspectos que se le ocurrían.

La segunda parte de la tarea es similar. En este caso, vas a volver a listar los **fracasos,** describiendo a continuación toda la **atribución externa** que pueda ser aplicable para ese caso. Aquí también cuesta encontrar estos factores, ya que llevamos toda la vida descartándolos para así poder responsabilizarnos de cada fracaso. Por ello, te animo a que te preguntes: ¿Cómo podríamos explicar este fracaso si yo hubiera sido una persona suficientemente competente como para tener éxito? ¿Qué circunstancias o actuaciones de otras personas podrían haber influido en que esto saliera mal? ¿Puedo encontrar factores externos que no solo dificultaran la situación en mi caso, sino que también se lo pondrían más difícil a cualquiera que los tuviera?

Ejemplo

Uno de los fracasos de Laura era:

Fui infiel en mi primera relación seria.

Esto es algo que aún le pesaba cuando llegó a consulta, y que utilizaba para justificar sus creencias de que en el fondo no era una buena persona ni merecía las cosas buenas que le ocurrían. Al contarme los hechos, se centró casi en exclusiva en su parte de la historia. En cómo ella engañó a su pareja con otra persona y no tuvo el valor ni la decencia de contárselo jamás.

Al indagar por primera vez en qué factores externos pudieron influir en que esto ocurriera, encontramos lo siguiente:

- Su pareja la maltrataba psicológicamente, insultándola todo el tiempo y haciéndole sentir que no merecía amor, respeto ni deseo por parte de nadie. A menudo la amenazaba con que, si ella lo dejaba, le arruinaría la vida.
- Ella sabía que su pareja le había sido infiel al menos en dos ocasiones, y sospechaba que pudiera haber más.
- Sus padres, producto de una crianza muy estricta y exigente, habían fallado en crear un espacio donde ella se sintiera segura y valorada, por lo que siempre tuvo carencias en este aspecto.
- El chico con el que le fue infiel a su pareja fue la primera persona que realmente la trató con cariño y respeto, alabándola en todo momento y haciéndole sentir digna de amor.
- Cuando ocurrió, ella tenía dieciséis años, edad en la cual su cerebro aún está en desarrollo, especialmente las áreas del control de impulsos y la evaluación de consecuencias de sus actos. Aunque pueda parecer atribución interna, en realidad las limitaciones de un cerebro adolescente son una causa circunstancial, ajena a su personalidad y su control, que no sirven para definirla en su vida adulta, por lo que podemos tratarla como causa externa.

Si bien es cierto que ella fue infiel y que no podemos negar su parte de responsabilidad en los hechos, es muy diferente el relato de una persona que fue infiel porque es mala persona y no sabe cuidar sus relaciones al de una chica adolescente a la que la vida había tratado muy mal, que estaba atrapada en una relación que le hacía daño y que, producto de la inexperiencia y la falta de madurez y el miedo, no supo gestionar la situación cuando por fin encontró a alguien que la trataba como merecía.

Si realmente la situación se explicara porque ella era mala e infiel por naturaleza, no tendría sentido que nunca hubiera vuelto a ser infiel en ninguna de sus siguientes relaciones.

Esta tarea es de las más complejas de todo el proceso, por lo que puedes preguntar a personas que te conocieran durante esos eventos para que te ayuden a encontrar qué partes de ti han podido contribuir a tus éxitos o qué factores externos te afectaron durante tus fracasos. Es posible que ellos, al haberlo visto desde fuera, puedan ofrecerte una perspectiva difícil de ver para ti. Eso sí, en el caso de los fracasos, intenta que sean personas ajenas a esos sucesos, para asegurar que la información sea lo más imparcial posible.

Por último, es necesario aclarar que el objetivo de esta tarea no es negar la otra parte de la historia. Es decir, no queremos decir que no haya habido factores externos que hayan contribuido en tus logros ni afirmar que eres perfecto y que todos tus fracasos se deben tan solo a factores externos. Pero como esa parte de la historia la llevas escuchando toda la vida, es importante que nos centremos ahora exclusivamente en la parte de la historia que jamás se ha contado y, con ello, equilibrar la balanza hacia un punto más justo y real.

Tarea 2

Una vez hayas completado la primera tarea, deberían ocurrir dos cosas:

1. Al hacer las **atribuciones internas** de tus **éxitos**, habrán aparecido cualidades, habilidades o actuaciones **positivas** por tu parte. Probablemente te cueste aceptarlas en un primer momento, por lo que quiero que te preguntes, una a una: ¿Ha sido algo completamente aislado de este éxito o podría buscar otras situaciones a lo largo de mi vida en las que se haya puesto de manifiesto este aspecto? Y te pido que de verdad busques otras situaciones, como si te fueran a pagar por cada una que halles. Recuerda, es tu momento de ser el abogado que nunca tuviste, y tu trabajo es buscar pruebas para defenderte.

   Si encuentras que no ha sido un caso aislado, sino que se ha demostrado en alguna ocasión más: añádelo a la lista de aspectos positivos.

Ejemplo

Otro de los éxitos de Laura era:

Vivo de algo que me gusta.

Una de las atribuciones que encontramos para este éxito fue su capacidad de planificación, organización y sacrificio que le permitió estudiar una oposición para el puesto de sus sueños mientras trabajaba y vivía de manera independiente. Vimos que esa capacidad estaba presente en otras muchas áreas de su vida, por lo que añadimos los tres aspectos a su listado de aspectos positivos.

2. Al hacer las **atribuciones externas** de tus **fracasos**, encontrarás que algunos de ellos no se explican principalmente por tus **aspectos negativos**, como creías. Este apartado también es difícil, ya que es probable que lleves toda la vida fustigándote con esas supuestas carencias o defectos que causaron ese fracaso. Y como ya hemos visto, llevas años recopilando pruebas de que son ciertos, por lo que todavía te costará aceptar que no ha sido responsabilidad únicamente tuya.

   Por eso debes reflexionar sobre ello y preguntarte lo siguiente: ¿puedo encontrar otras situaciones o logros en mi vida que serían poco probables que le ocurrieran a una persona que tuviera los aspectos negativos a los que inicialmente atribuía este fracaso? Si no tuviera en cuenta este fracaso, o fracasos si tienes varios similares, ¿tendría argumentos para seguir definiéndome con esos aspectos negativos?

   El objetivo de esta tarea es ver cuál es la verdad resultante tras haberte quitado ese exceso de culpa o responsabilidad, producto de una atribución excesivamente interna, ignorando en gran medida todo lo externo. Cuando solo podemos explicar una situación basándonos en nosotros mismos, es normal que se exageren nuestros defectos o incluso se tengan que inventar para rellenar los huecos que falten hasta que la historia cobre sentido. Ahora es el momento de hacer el ejercicio inverso y reducir lo que se aumentó de forma exagerada o eliminar lo que se añadió erróneamente.

Ejemplo

Por no aburriros todo el tiempo con Laura, vamos a cambiar un poco y os sigo contando más sobre mí. Un gran fracaso de mi juventud fue el escolar. En 4.° de la ESO llegué a suspender todas las asignaturas en los dos primeros trimestres.

Por supuesto, durante mucho tiempo hice una atribución casi exclusivamente interna: yo era tonto, un vago, no era capaz de esforzarme en nada, no se me daba bien nada. Con el tiempo aprendí a ver —y me hicieron ver— algunas de las atribuciones externas que influyeron enormemente en mi rendimiento académico como, por ejemplo:

- Años de *bullying* muy duro por chicos y chicas no solo de mi instituto, sino de los institutos de alrededor, que hicieron que fuera poco a clase porque estaba aterrorizado.
- El reciente fallecimiento de mi padre y la depresión posterior de mi madre.
- Unas altas capacidades que hacían que, en lugar de ayudarme, me aburriera tanto cuando iba a clase que acababa por no prestar atención.
- Unos profesores que no supieron entender mi situación ni protegerme, y se rindieron rápidamente conmigo tachándome de caso perdido.

Si me hubiera hecho las preguntas que planteo en esta tarea, me habría visto obligado a reconocer que era muy poco probable que alguien pudiera tener todos esos atributos negativos —tonto, vago, incompetente, etc.— y a la vez ser capaz de otras cosas que requerían mucho esfuerzo y ciertas capacidades. Por nombrar una, con dieciséis años era el capitán de la selección española de un videojuego —del cual era el número uno del *ranking* nacional—, para un campeonato europeo que yo mismo organicé, poniéndome en contacto con jugadores de toda Europa. Sí, es algo muy friki, y no pretendo que suene a que estoy presumiendo de nada. Pero lo cuento porque creo que es evidente que esos hechos requerían por mi parte algo difícil de encontrar en «un vago inútil» como creía ser. Pero para mí era invisible y lo siguió siendo durante muchos años. Seguía encerrado en mi propia explicación de los hechos.

Por suerte, he aprendido a ver que esos aspectos negativos no eran la razón principal de mi fracaso escolar y a dejar de definirme por ellos. Así que, por suerte para mí, están más que tachados de mi lista. Y es impresionante cómo empieza a mejorar todo cuando te quitas etiquetas que son falsas.

Resumen

La autoestima se ve afectada por cómo interpretamos lo que nos ocurre, y uno de los mecanismos más potentes en esta distorsión son las atribuciones internas y externas.Las internas hacen referencia a aspectos propios como habilidades o esfuerzo, y las externas a factores ajenos como el entorno o la suerte.

Las personas con baja autoestima tienden a atribuir sus éxitos a causas externas y sus fracasos a causas internas, lo que refuerza una imagen injusta de sí mismas. Esta tendencia impide reconocer los propios méritos y exagera los defectos, escribiendo su historia personal de manera desequilibrada y debilitando tu autoestima.

Resumen de la tarea

Tarea 1: El ejercicio consiste en revisar los éxitos y fracasos desde una perspectiva más justa. Primero, acude al listado de éxitos, añade todos los que sean posibles y busca en cada uno las atribuciones internas que los expliquen: cualidades, capacidades, decisiones o comportamientos propios.

Después, haz lo mismo con los fracasos, pero buscando atribuciones externas que pudieron influir en el resultado: condiciones del entorno, acciones de otras personas o factores circunstanciales. El objetivo es equilibrar tu historia personal, reconociendo el valor propio en los logros y disminuyendo la carga injusta que se ha asumido en los errores.

Tarea 2: Revisa si las cualidades encontradas en los éxitos se repiten en otros momentos de tu vida, reforzando así su validez, y añádelas al listado de aspectos positivos.

Cuestiona si los defectos atribuidos en los fracasos se sostienen realmente al observar tu trayectoria personal completa, y tacha aspectos negativos que encuentres que solo estaban justificados por esa explicación incompleta e injusta de tus fracasos. Esto ayuda a desmontar creencias limitantes y a eliminar etiquetas falsas que han marcado tu autoconcepto durante años.

El fin es construir una visión más realista y compasiva de ti mismo, basada en hechos y no en distorsiones automáticas.

A continuación, tienes otro interludio que puedes leer aunque no tengas completadas las tareas de este capítulo.

Interludio D

Por qué es tan difícil cambiar tus creencias: maximización y minimización

Vamos con la penúltima entrega de mecanismos de defensa: la **maximización** y la **minimización**.

Ambos parten de una premisa similar a los anteriores: **mantener tus creencias intactas** para asegurar la estabilidad. Y para ello, ya hemos visto que, cuando la realidad no encaja con tus creencias, estos mecanismos distorsionan la realidad hasta que suceda, y así poder mantenerlas.

Para creer en algo toda la vida necesitas dos elementos fundamentales:

- Por una parte, **pruebas de que tu creencia es correcta**. Necesitamos creer que tenemos razón. Y cuando no hay suficientes pruebas, o no son mínimamente válidas, entra en juego la **maximización**. Nuestra mente **exagera la importancia** o el impacto de aquello que **confirma** esa creencia, pudiendo convertir un pequeño detalle en una prueba «incuestionable» de que nuestras ideas previas son ciertas.
- Y por otra parte, necesitamos que estas pruebas sean **superiores** en número y validez a las pruebas que pueda

haber de que **nuestra creencia es errónea**. Por así decirlo, que haya más argumentos a favor que en contra de tu creencia. Ahí es cuando entra en juego la **minimización**, que es el mismo mecanismo que el anterior, pero en sentido opuesto, encargándose de **restar valor** o importancia a los datos que **contradicen** tu creencia. Te convence de que no son buenas pruebas, que no son de fiar, que no demuestran gran cosa.

Como siempre, todo este proceso es automático, inconsciente e inmediato. No sabes que está ocurriendo porque a ti solo te llega el producto final, ya maximizado o minimizado previamente.

El resultado es que, aunque pudieras haber encontrado información suficiente para contradecir una creencia actual y que fuera lógico replantearse su veracidad, como a ti solo te llega el resultado distorsionado, lo que experimentas son unas grandes pruebas a su favor y algunos detalles sin importancia que apenas sirven para quitarle validez a tu creencia. Cuando lo explico en consulta, me gusta hacerlo dibujando una balanza de las antiguas, como si cada argumento fuera una bolita con un peso.

A un lado ponemos los argumentos a favor de la creencia, y en el otro lado, aquellos en contra. Pero todos los que van a favor acaban con un tamaño exagerado, y los que van en contra, con un tamaño reducido. Por lo tanto, incluso aunque nos lleguen más argumentos en contra, van a seguir pesando más los que van a favor, haciéndonos creer que, para variar, teníamos razón.

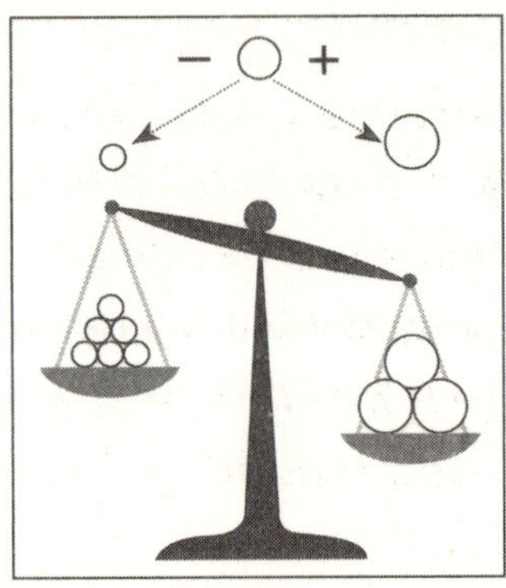

Ejemplo

Juan cree que el mejor partido político para su país es el Partido A (por no nombrar ninguno real). Si Juan viera las noticias cada día, puede que encontrara argumentos a favor del Partido A y otros en contra. Imagina que ayer vio una noticia que contaba cómo, gracias a una medida del Partido A, había bajado la tasa de desempleo en un 2 por ciento con respecto al mes anterior. Quizá no es gran cosa. Quizá sea porque es verano y hay más contratos temporales. Da igual.

Antes de que pueda planteárselo, aparece la **maximización** para hacerle creer que esa noticia es muy importante, perfectamente válida, y que es una clara prueba de cómo todo va mejor cuando se le hace caso al Partido A. Se convencerá con rapidez de que el desempleo es un problema gravísimo de su país y que solo el Partido A parece ser capaz de solucionarlo.

Sin embargo, hoy en los periódicos ha aparecido una nueva trama de corrupción dentro del Partido A. Como ese hecho amenaza la creencia de que es el mejor partido político de su país, aparece la **minimización** al rescate. Juan, automáticamente, duda de la veracidad de la noticia, convencido de que no es más que un bulo promovido por el Partido B, que tiene comprados varios periódicos. Además, el partido B no puede hablar del tema, ya que les han destapado otras muchas tramas de corrupción a ellos, mucho peores que esta.

Y en caso de ser verdad, los implicados pertenecen a ayuntamientos menores y son cargos poco importantes, por lo que está claro que no representan al Partido A y no son más que una excepción. Si son culpables los echarán y quedará un partido aún más limpio y competente que antes.

De esta manera, Juan permanece otra semana convencido del todo de que el Partido A es muy bueno (y el B muy malo), con independencia de la realidad que experimente.

Me gusta poner el ejemplo de la política porque todos estamos de acuerdo en que es un mundo en el que hay mucho fanatismo y que no siempre se basa en argumentos objetivos y realistas, por lo que es más fácil ver estos mecanismos en acción. Pero cuando hablamos de autoestima, hay incluso más fanatismo; recuerda que la autoestima está construida con muchas creencias centrales, las más protegidas por tu cerebro, de modo que es más fácil que una persona cambie con el tiempo de ideología política que de autoconcepto, sea cual sea la realidad que experimente.

Es importante que aprendas a desconfiar de las pruebas que confirman todas las cosas negativas que te definen, analizando si realmente son tan contundentes o solo son convenientes para reafirmarte en tus creencias. Y también que le des otra oportunidad a todos esos datos que descartaste muy pronto sobre las cosas positivas que podrían definirte.

Puede ser muy útil que lleves un pequeño registro o diario en las notas de tu móvil, y te obligues a anotar aquello que tu instinto se esfuerza en pasar por alto. Porque ha habido una gran campaña de distorsión en tu contra y siempre ha apuntado en la misma dirección.

Ejemplo

Carlos cree que no es una persona digna de cariño. Aunque no lo diga en voz alta, lleva tiempo sintiendo que, si alguien le conoce de verdad, terminará alejándose. Esa creencia le ha acompañado durante años, y se ha reforzado tras algunas amistades rotas o relaciones fallidas.

Hace poco, un amigo con el que no tenía demasiada confianza le escribió un mensaje largo y sincero para agradecerle cómo le había escuchado en un momento difícil. Le decía que su apoyo le había hecho mucho bien, y que se sentía afortunado de tenerlo cerca. Cuando Carlos leyó el mensaje, su reacción inmediata fue pensar: «Está exagerando», «No hice nada especial» o incluso «Seguro que me está idealizando y cuando me conozca más cambiará de opinión».

Pero esta vez algo fue distinto. Carlos había empezado a trabajar en su autoestima y recordaba cómo su mente solía minimizar lo positivo y maximizar lo negativo cuando se trataba de su valía como persona. Así que, en lugar de dejar pasar el mensaje como una anécdota más, decidió intentar frenar a su instinto y darse una oportunidad.

Se obligó a leerlo una segunda vez, más despacio. En esa ocasión, se permitió notar que lo que decía su amigo no era una fantasía: de verdad había estado ahí cuando lo necesitó, le había escuchado sin juzgarle, y eso es algo que él habría valorado muy positivamente si lo hubiera recibido.

Carlos anotó en las notas de su móvil lo que había hecho bien, aunque le pareciera incómodo o insuficiente. También anotó el impulso que tuvo de quitarle valor. Porque ahora sabía que ese impulso no venía de la búsqueda de la verdad, sino de un viejo mecanismo que se activa para proteger una idea que en realidad le estaba haciendo daño.

No fue un momento revelador ni mágico. Pero fue un gesto diferente. Un pequeño acto de justicia hacia sí mismo. Un primer paso en la buena dirección.

Resumen

Tu mente puede exagerar lo que confirma tus creencias negativas —maximización— y restar valor a lo que las contradice —minimización—, todo para mantener intacto tu autoconcepto, aunque sea dañino.

Estos mecanismos son automáticos e inconscientes, y distorsionan la realidad que te llega, haciendo difícil cambiar la forma en que te ves.

Empieza a detectar cuándo ocurre, cuestiona esas distorsiones y da valor real a las pequeñas pruebas positivas que normalmente ignorarías. Oblígate a mirarlas, a guardarlas y a darles espacio. Porque quizá no cambien tu autoconcepto de la noche a la mañana, pero pueden empezar a inclinar, poco a poco, esa balanza que durante tanto tiempo ha estado manipulada en tu contra.

9

Aprendiendo a compararnos (y por lo tanto a definirnos) correctamente

Es imposible no compararnos. Nuestro cerebro está diseñado para ello, y muchos aspectos de la vida carecen de sentido para nosotros si no los encajamos en un marco de referencia o los situamos directamente junto a otra cosa con la que poder compararlos.

Ejemplo

Mientras escribo esto hace exactamente 24 °C aquí, en Sevilla. Para mí hoy hace fresquito, porque sé que el verano se acerca y no queda mucho para que superemos los 35 °C día sí y día también. Sin embargo, un turista que venga de Noruega o de Canadá estará sorprendido del día tan caluroso que está viviendo hoy, porque no podrá evitar compararlo con la temperatura actual de su país que, probablemente, sea al menos 20 °C más fría.

El problema de las comparaciones es que, al igual que ocurre con la mayoría de nuestros mecanismos automáticos, sacrifican exactitud a cambio de más velocidad y eficiencia. Para nuestro cerebro, que no ha cambiado en treinta mil años, es más útil comprender con rapidez el mundo que nos rodea —y así actuar con rapidez si es necesario— antes que dedicar un buen rato a comprender el mundo exactamente como es. Es lo mismo que ocurre con los prejuicios que formamos de forma automática, como cuando en apenas unos segundos decidimos si alguien es de fiar o no basándonos tan solo en nuestra primera impresión.

Pero, recuerda, este libro va de hacer todo lo contrario a lo que suele hacer nuestro cerebro de manera automática, de modo que vamos a tomarnos nuestro tiempo para encontrar la información más correcta posible. Así que aprendamos a compararnos correctamente y a identificar las comparaciones erróneas e injustas que cargamos, que tanto daño nos hacen y tanto debilitan nuestra autoestima.

Buscando un marco de referencia

Para este propósito, vamos a empezar con mi querida campana de Gauss, que suelo dibujar muy a menudo en consulta. No te asustes, no tendrás que aprender estadística ni hacer ninguna cuenta matemática, ya verás cómo se entiende fácilmente.

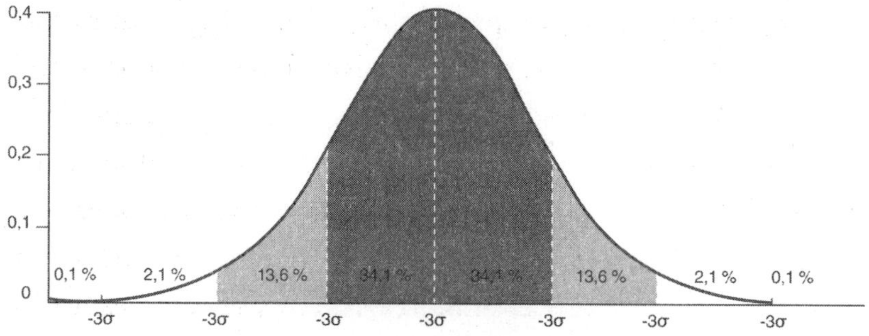

La campana de Gauss, o curva normal, es una representación gráfica que muestra cómo se distribuyen muchas características —como la inteligencia, la altura o ciertos logros— en una población. En esta curva, la mayoría de las personas se agrupan en torno al valor medio, y solo un pequeño porcentaje se encuentra en los extremos, ya sea por encima o por debajo.

Esto no es importante, pero, para que entiendas la imagen por completo, el símbolo «µ» corresponde a la media, y el símbolo «σ» a la desviación típica, que viene a ser una forma de separar en tramos cuánto se aleja una puntuación de la media.

Los dos tramos centrales —entre -1σ y 1σ—, que suman aproximadamente el 68 por ciento de la población, son los que reúnen a las personas con una medida «en torno a la media». Aunque no me guste nada la connotación de esta palabra, es literalmente lo que se utiliza para definir qué es «normal».

El siguiente tramo —cerca del 14 por ciento— estaría moderadamente por encima o por debajo del promedio. A partir de ahí, encontramos sobre un 2 por ciento de la población muy por encima o por debajo del promedio, y apenas un 0,1 por ciento que serían las personas con puntuaciones más extremas en esa área.

Por ejemplo, si usamos la estatura de las mujeres en España, veremos que se distribuiría de la siguiente manera:

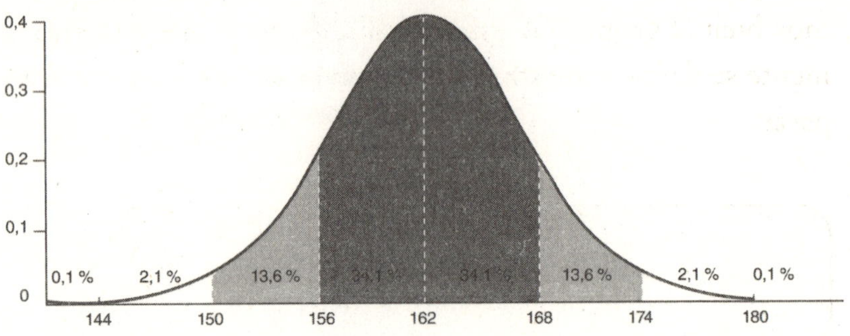

Podríamos decir que la mayoría, la que se encuentra en torno a la media, serían aquellas personas con una estatura de entre 156 y 168 centímetros. Y repito, aunque no me guste mucho el uso de la palabra «normal», desde un punto de vista estadístico y comparativo, es exactamente igual de «normal» medir 158 centímetros que 165 centímetros. No tendría sentido categorizar de alta o baja a ninguna persona con estas estaturas, ya que están suficientemente cerca de la media como para poder decir que tienen una estatura normal o promedio.

Tendríamos que desplazarnos hasta el siguiente tramo —una mujer con 171 centímetros de altura, por ejemplo— para poder decir que es una persona moderadamente alta, y al siguiente tramo —177 centímetros, por ejemplo— para decir que es muy alta. Y ya, a partir de 180 centímetros se podría considerar extraordinariamente alta. Se entiende, ¿no?

Muy bien, pues ahora que sabemos qué es la campana de Gauss, vamos a aprender a usarla para compararnos correctamente, que es lo que nos interesa.

Compararnos únicamente con nuestros iguales

Compararnos con otras personas solo tiene sentido si definimos bien al grupo que estamos midiendo —que estadísticamente se llama «muestra»—, y con el que nos vamos a comparar.

Ejemplo

Siguiendo con el tema, la media de estatura para los hombres en España es de 176 centímetros (yo mido 185 centímetros). No tendría sentido por mi parte decir que, tras unas vacaciones en los Países Bajos, he descubierto que no soy moderadamente alto como creía, porque casualmente la media de ese país es de 185 centímetros. Tampoco lo tendría decir que soy altísimo tras un viaje a Filipinas, un país con una media de 164 centímetros.

Y mucho menos sentido tendría que me considerara un gigante tras compararme con la altura de mis sobrinas de cinco y nueve años, o que me considere diminuto porque un elefante africano mide tres metros.

Lo único que tiene sentido para definir mi estatura es que use el marco de hombres adultos de España, ya que es ese el grupo al que pertenezco y es en ese país en el que he nacido, donde paso casi todo mi tiempo y de donde proceden también la mayoría de las personas con las que me relaciono. Es decir, lo que podrían considerarse mis iguales.

Esto parece muy obvio, ¿verdad? Sin embargo, prácticamente todas las personas han sido comparadas en su juventud de manera muy errónea, sin ser conscientes de que a veces el resultado puede ser tan equivocado como los del ejemplo anterior. Y como aprendemos a compararnos en función de cómo nos han comparado los demás en esas edades, podemos seguir repitiendo dichos errores toda la vida si no se nos enseña a hacerlo bien.

Estoy seguro de que a lo largo de tu juventud has recibido numerosas comparaciones con «muestras» que no eran la tuya. Aquí tienes algunos ejemplos:

- **Comparación con hermanos/primos mayores**: «Tu hermano se pone a hacer los deberes en cuanto llega a casa» o «Mira cómo tu prima se lo come todo sin moverse del sitio».
- **Comparación con adultos**: «Si yo puedo trabajar todo el día y hacer ejercicio, ¿por qué tú no puedes únicamente ponerte a estudiar?».
- **Comparación con generaciones pasadas**: «A tu edad, yo ya trabajaba y ayudaba en casa».
- **Comparación con prodigios**: «En YouTube hay niños de tu edad que tocan el piano de manera profesional».
- **Comparación con otros contextos**: «¿Cómo puedes dejar comida cuando hay niños en países más pobres muriéndose de hambre?» o «En Japón los niños son mucho más disciplinados y respetuosos con sus padres».

Todas esas comparaciones mandan un mensaje erróneo sobre ti: te hacen creer que no eres suficientemente bueno o que tienes algún defecto, basándose en una comparación irreal e injusta. Pero probablemente te los creíste porque, como ya hemos visto, no tenías la capacidad para ver el error.

Otro error muy común en las comparaciones: el sesgo de representatividad

Un error que suele repetirse sistemáticamente en nuestra infancia y adolescencia es el de ser comparado con una muestra muy pequeña y que no representa en absoluto la realidad de lo que nos vamos a encontrar en toda nuestra vida adulta.

A menudo, aunque sin mala intención, te habrán definido según tus círculos más cercanos. Por lo tanto, es probable que hayas vivido más de una vez alguna de las siguientes situaciones:

- **Creciste rodeado de personas excepcionales en cierta área.** Quizá en tu clase había alguien que cantaba muy bien, otro con un talento natural para las matemáticas y otro que destacaba en los deportes. Si estabas rodeado de personas que sobresalían en diferentes aspectos, podrían haberte hecho sentir que tú, en comparación, no eras particularmente bueno en nada. Pero lo que no veían era que, con una muestra más amplia, aplicando la campana de Gauss correctamente, muchas de tus habilidades estaban perfectamente dentro de la media o incluso por encima de ella.
- **Tu familia o círculo de amigos tenía estándares muy altos.** Si tus padres eran académicamente brillantes, si tus amigos tenían facilidad para los estudios o si creciste en un entorno donde se premiaba el alto rendimiento, po-

drías haber sentido que no dabas la talla. Pero este tipo de percepción es engañosa: no es que no fueras bueno, sino que estabas siendo comparado con un grupo de personas que, estadísticamente, no representaban la realidad de la mayoría.

- **La especialización temprana te obligó a competir y ser calificado constantemente**. En muchas áreas, sobre todo en el arte, la música o el deporte, los niños con talento suelen agruparse en actividades extraescolares o equipos avanzados. Si tú eras parte de uno de estos grupos y no eras de los mejores, es posible que sintieras que estabas en el nivel más bajo, sin darte cuenta de que el simple hecho de estar ahí ya te situaba por encima de la media en comparación con la población general.

Este tipo de comparaciones hace que subestimes tus capacidades y que asumas, erróneamente, que eres peor de lo que en realidad eres. Tenemos que aprender que nuestro entorno inmediato es solo una pequeña muestra de la diversidad y el talento que existe en el mundo, y que no define nuestro verdadero potencial.

Ejemplo

Juan es un chico atractivo, pero sus dos hermanos mayores, que son muy guapos, siempre han destacado mucho.

Juan ha crecido toda la vida escuchando lo atractivos que son sus hermanos y que él es «más gracioso». Aunque pudiéramos afirmar que, objetivamente, sus hermanos son más guapos que él, eso no implicaría que su nivel de belleza no pueda estar por encima del promedio.

Pero esa comparación constante puede calar hasta hacerle creer que no es atractivo en absoluto, atribuyendo a su sentido del humor el que alguien muestre interés por él.

Claramente, sus hermanos mayores no son una buena muestra con la que compararse, ya que es un grupo muy pequeño. Sería más lógico compararse con una muestra mayor: todos los chicos de su edad que conoce en su entorno. Si hiciera eso —que es lo que, de forma inconsciente, hacen los demás al juzgarle—, podría comprobar que estaba situado por encima del promedio en esa campana de Gauss.

Malas comparaciones en tu vida actual

Todos estos errores que arrastramos desde pequeños llevan a que, de adultos, tendamos a compararnos únicamente con las personas o grupos que más destacan —para bien—, en lugar de con la mayoría de la población, dándose situaciones como las siguientes:

- **Entras en las redes sociales y parece que todos tienen vidas perfectas menos tú.** La realidad es que solo vemos los momentos felices y exitosos de los demás, sin sus dificultades, lo que puede hacernos sentir que nuestra vida es menos interesante o valiosa. Además, la mayoría de las publicaciones están orientadas a mostrar esa perfección. Así, en tus redes parece que todo el mundo ha pasado las vacaciones en un barco menos tú, porque quien estaba en su casa pasando calor no lo ha publicado. Fuera de las redes, lo más probable es que la mayoría de las personas que conoces tampoco hayan bebido champán en un yate este año.

- **Los estándares de belleza cada vez son más inalcanzables.** Modelos, *influencers* y celebridades suelen representar unos estándares de belleza inusuales, pero, aunque no sumen ni el 0,1 por ciento de la población, los vemos con tanta frecuencia que podemos asumir erróneamente que son mucho más comunes de lo que son. Igual ocurre con los superdeportivos de lujo: qué fácil es verlos en internet o en televisión, y qué difícil cruzarse con uno por la carretera.

  Y si en nuestra mente situamos ese extremo de la campana de Gauss mucho más al centro, como si fuera lo normal o algo fácilmente asequible, quien esté en el centro se verá desplazado hacia el extremo inferior.

  En la actualidad este fenómeno es un problema real en nuestra sociedad, en el que las chicas jóvenes, particularmente, se someten cada vez más a numerosos retoques estéticos, aspirando a esos estándares extremos. Según datos de 2023 de la Sociedad Española de Medicina Estética (SEME), el 9,2 por ciento de la población entre dieciséis y veinticinco años se sometió ese año a retoques de medicina estética.

- **Practicas una habilidad y parece que, por mucho que te esfuerces, eres terrible.** Por ejemplo, te apuntamos a unas clases de pintura y después de un mes decides que se te da fatal y que quizá no deberías seguir intentándolo. Tomas la decisión sin tener en cuenta que puede que el resto de las personas de la clase lleven más tiempo que tú y tengan más práctica. O que hayan dedicado previamente años a habilidades similares, como el dibujo, por lo que, aunque empiecen a la vez que tú a pintar, te llevan ya mucha ventaja.

Y luego llegas a casa, abres las redes sociales y ves obras de auténticos virtuosos que pintan sin esfuerzo aparente, y te reafirmas en lo mal que se te da sin tener en cuenta que ellos se dedican profesionalmente a la pintura. Sin darte cuenta, permites que estas comparaciones, injustas e inexactas, te definan para toda la vida: «Soy malo, no tengo talento», cuando la realidad puede ser sencillamente: «Tengo menos experiencia en esta área que estas personas», mientras que, si te compararas con otras en tus mismas circunstancias, el resultado sería mucho menos duro.

En definitiva: cuando los aspectos negativos no son realmente tan negativos

Supongo que estarás de acuerdo en que todo aquello que sea bastante promedio o común en nosotros no debería usarse para definirnos, ¿no? No tendría sentido decir que por ahí viene «Luis, el de los ojos marrones» o «Lucía, la que tiene una hermana». Y, sin embargo, todos cargamos con supuestos defectos que, en verdad, son tan comunes en el ser humano que no deberían ser considerados aspectos negativos.

Una de las causas reside en que, para muchas personas, solo es aceptable o valioso lo que está **muy** bien, es decir, muy por encima de lo habitual, algo que solo cumple un pequeño porcentaje de la población. Esta sociedad nos ha vendido que tenemos que apuntar a lo más alto, ser la mejor versión de nosotros mismos, destacar, ser excelentes en todo lo que hacemos y en todo lo que somos.

¿Cuántos padres han exigido a sus hijos sacar sobresalientes en todo? ¿Cuántos profesores han esperado que sus alumnos fueran capaces de pasar seis horas seguidas sentados sin moverse y sin hablar con el compañero? ¿Cuántos entrenadores han tratado despectivamente a todos los que no fueran el mejor del equipo?

Parece que la felicidad solo estuviera reservada para ese 2,1 por ciento de la población, la de la esquinita superior de la campana de Gauss, y el resto estuviéramos condenados a la mediocridad, al fracaso o a que nadie nos quiera. Pero ¿te has parado a pensar cuántas de las cosas que has amado con todas tus fuerzas a lo largo de toda tu vida eran bastante promedio? El puchero de tu madre no tiene estrellas Michelin, tu animal de compañía no ha ganado ningún concurso, tu mejor amigo no es un genio y el amor de tu vida no es modelo. Y a pesar de ello, no son menos maravillosos, tienen menos capacidad para alegrarte la vida ni se merecen menos todo tu amor.

Así que no, no te definen aquellas cosas en las que no eres excepcional, ni hablan mal de ti esos aspectos que entran dentro del promedio. Pero claro, para eso hay que aprender a averiguar dónde está ese promedio, porque no todo está medido por el Instituto Nacional de Estadística. Y como ya hemos visto, nuestra forma de ser comparados ha influido mucho en que tengamos una visión muy distorsionada de lo que es normal y lo que no. Por eso, tenemos que empezar a practicar a compararnos conscientemente, buscando una comparación justa y más exacta, sin caer en los errores que hemos visto en este capítulo.

Para terminar, déjame aclarar lo siguiente: el objetivo de este capítulo no es pretender convencerte de que todo en ti es, como mínimo, promedio. Por supuesto que habrá aspectos de ti que queden por debajo de la media; todos los tenemos, incluso las personas más maravillosas del mundo. Pero aceptar nuestros defectos o carencias es una de las partes más difíciles del proceso, por lo que veremos un poco más adelante cómo trabajarlo.

Tarea

Algo que ocurre en prácticamente todas las personas que he tratado es que incluyen en su listado de aspectos negativos numerosos elementos que, o bien entran dentro de ese 68 por ciento más común, ¡o incluso superan —para bien— lo estadísticamente normal!

Por eso me gustaría que volvieras atrás y que hicieras lo siguiente:

- Revisa tu listado de **aspectos negativos**. Trata de encontrar cuáles pueden **sobrar**, por ser producto de comparaciones injustas y por las cuales se ha etiquetado como negativo algo que en realidad no estaba por debajo del promedio.

  Para ello, reflexiona intentando compararte, aspecto por aspecto, con muestras amplias y ajustadas a tus circunstancias. Puedes buscar información en internet para ayudarte. Si te ves capaz, ponlo a prueba también de una manera lo más objetiva posible, como podrás ver en el próximo ejemplo.

Si consideras que, tras compararlo con una muestra más justa, ese aspecto se halla dentro de lo habitual o promedio, táchalo. Y si consideras que realmente queda, aunque sea moderadamente, por encima del promedio, añádelo a la lista de aspectos positivos.

- Revisa tu listado de **aspectos positivos**. Trata de encontrar cuáles pueden **faltar**, producto de comparaciones injustas, es decir, atributos positivos que no has añadido porque no son **muy** positivos y, por lo tanto, parecía que no contaban. Utiliza el mismo proceso que con los aspectos negativos. Añade a la lista todos los que puedas encontrar.

Dedícale tiempo a esta tarea, ya que al principio parecerá que no hay nada que cambiar. Es posible que te encuentres con esa resistencia al cambio que te dirá que, por muchas vueltas que le des, tú eres así y ya está. Pero hay que esforzarse en permitir que salgan cosas malas y entren cosas buenas de las listas, aunque dé miedo estar equivocándose y creando algo que parece falso. Como siempre, te recuerdo que llegará el momento en que lo veas todo con mucha más claridad y lo sentirás como real.

Ejemplo

En el capítulo anterior hemos visto el listado de **aspectos negativos** de Laura. Para beneficio de ambos, es una chica muy trabajadora, así que aceptó el reto de poner realmente a prueba algunos aspectos que sospeché que no serían negativos en absoluto —o al menos no más de lo habitual—. Señalo algunos de ellos a modo de ejemplo, junto al resultado de sus pruebas de realidad:

- **Tiene faltas de ortografía.** En su mente, buena ortografía significaba no cometer jamás una sola falta. Pero hizo un test de ortografía online y su puntuación estaba situada en el 70 por ciento más alto, por lo cual hubo que tacharlo de la lista de aspectos negativos y añadir «tiene buena ortografía» al listado de aspectos positivos.
- **Lee muy poco**. De nuevo, producto de compararse con personas excepcionales, Laura creyó que leía muy poco. Hicimos la cuenta de los libros leídos en los últimos años y fueron diez de media por año, lo que la situaba aproximadamente por encima del 80 por ciento de los españoles, según las estadísticas. De nuevo, hubo que tacharlo y añadir «lee mucho» al listado de aspectos positivos.
- **Tiene las manos muy anchas.** Le propuse comparar el tamaño de sus manos con las diez primeras chicas de aproximadamente su edad que encontrara de manera aleatoria en su círculo social. Encontró a tres personas con las manos más estrechas, dos más anchas y las otras cinco eran muy similares en anchura. Por lo tanto, dedujimos que sus manos tenían una anchura bastante común y pudimos tacharlo de la lista.
- **No es muy alta.** Laura mide 163 centímetros, lo cual, tras buscar en internet, la sitúa en el percentil 57, es

decir, tiene más estatura que el 57 por ciento de la población, y menos que el 43 por ciento restante. Es cierto que su descripción es exacta —no es muy alta—, pero es interesante cómo había incluido como aspecto negativo una medida ligeramente superior a la media. De nuevo, lo borramos de la lista, ya que **no** es un aspecto negativo.

En cuanto a su listado de **aspectos positivos**:

- Laura no mencionaba **saber inglés** porque, según ella, un nivel cercano al B2 «tampoco es mucho» y «conoce a gente que sabe inglés mucho mejor que ella». Sobra decir que esto vuelve a ser un error comparativo y que, tras buscar en internet, únicamente el 15-20 por ciento de los jóvenes españoles tiene ese nivel de inglés. Después de algo de debate, coincidimos en que debería añadirse al listado.
- Tampoco mencionaba que **sabía cocinar**, porque «es algo muy normal que sabe todo el mundo», pero, tras reflexionar sobre ello, encontramos numerosos ejemplos en su experiencia de personas de su edad que no sabían cocinar nada o prácticamente nada, mientras ella era capaz de preparar todo tipo de platos con soltura.

Realizamos muchos más cambios, pero espero que estos ejemplos te sirvan para orientarte.

RESUMEN

Nuestro cerebro se compara constantemente con los demás porque necesita un marco de referencia para interpretar el mundo, pero lo hace de forma rápida y poco precisa. Este hábito puede dañar nuestra autoestima cuando usamos comparaciones erróneas o injustas.

Para compararte correctamente, debes tener claro **con quién lo estás haciendo**. Lo ideal es elegir personas con tus mismas circunstancias y contexto —tus iguales—. Compararte con personas mucho mayores, más expertas, de otras culturas o que están en situaciones extremas puede llevarte a conclusiones injustas sobre ti.

También es muy común haber crecido rodeado de **muestras no representativas**: compañeros muy talentosos, familias con estándares muy altos o entornos que te hacían sentir «normal tirando a mal», aunque en realidad estabas en la media o por encima.

Hoy en día, este problema se agrava con **las redes sociales y los estándares irreales**: solo vemos lo más espectacular y sobresaliente, y eso puede distorsionar lo que percibimos como normal.

En definitiva, no ser extraordinario no te hace mediocre. **Estar dentro de lo común no es un defecto**. Pero para verlo con claridad, hay que reaprender a compararse con justicia, usando muestras amplias y representativas.

Resumen de la tarea

Revisa tu listado de aspectos negativos:

- Pregúntate si realmente son negativos o si lo parecen por comparaciones injustas.
- Contrástalos con muestras amplias y objetivas.
- Si están dentro del promedio, táchalos.
- Si están por encima del promedio, muévelos a la lista de aspectos positivos.

Revisa tu lista de aspectos positivos:

- Busca atributos que no incluiste porque no eran suficientes.
- Valora si están por encima de la media, a pesar de que no sean excepcionales.
- Añádelos si crees que merecen estar ahí tras una comparación más justa.

Hazlo, aunque al principio te cueste. Al inicio todo te parecerá igual o sentirás que te estás engañando. Pero si haces el esfuerzo de comparar mejor, podrás reconstruir un autoconcepto más realista y justo.

A continuación, tienes el último interludio, que puedes leer sin que hayas completado la tarea de este capítulo.

Interludio E

Por qué es tan difícil cambiar tus creencias: atención selectiva y memoria selectiva

Por último, y complementando los mecanismos explicados en otros interludios, tenemos la **atención selectiva** y la **memoria selectiva**. Esto no es ni más ni menos que el fenómeno por el que prestamos mucha más atención a aquello que confirma nuestras creencias y, con el tiempo, recordamos con más intensidad, olvidando por el camino gran parte de aquello que podría llevarle la contraria.

Ejemplo

Andrea ha tenido que exponer en la universidad un trabajo delante de toda su clase. Siempre ha creído que es una persona torpe socialmente, aburrida, y que no se le da nada bien hablar en público.

Mientras está en la tarima, observa a sus compañeros para buscar información que le diga si lo está haciendo bien o no. A pesar de haber aproximadamente cien personas en la clase, no puede dejar de mirar al chico que no está prestándole la más mínima atención mientras mira el móvil, a las risas de dos compañeras que hablan entre ellas ajenas a su presentación y a la cara de su profesora, que percibe como demasiado seria. Aunque hay numerosos compañeros escuchando con atención su discurso, asintiendo, sonriendo e incluso haciéndole algunas preguntas con interés, Andrea se baja de la tarima convencida de que «no le estaba echando cuenta prácticamente nadie». Su **atención selectiva** se ha centrado en exceso en aquellas personas que mostraban desinterés o desaprobación, ignorando en gran medida al resto, lo que ha distorsionado la realidad que percibía.

Meses después, cuando Andrea recuerde el día de su exposición en clase, por culpa de su **memoria selectiva** solo recordará con tristeza y vergüenza las risas, el chico que miraba el móvil y la expresión seria de su profesora. Involuntariamente, habrá olvidado las muestras de interés y aprobación, las felicitaciones de varios compañeros al acabar y hasta la buena nota que le puso la profesora.

Por medio de estos mecanismos de defensa, seguirá pensando que se le da fatal hablar en público, y considerará aquel día como la «prueba» de que consiguió aburrir a una clase entera.

Soy consciente de que los ejemplos de los interludios pueden parecer exagerados o forzados, pero situaciones como estas nos ocurren a todos, sin excepción. Lo que pasa es que, como dice el antiguo refrán, «somos capaces de ver la paja en el ojo ajeno, y no la viga en el propio».

La próxima vez que te enfrentes a una situación que pueda confirmar una creencia negativa sobre ti mismo, intenta acordarte de esto y obligarte a prestar atención a aquello que **desmiente** tu teoría.

Ejemplo

Si Andrea hubiera sido consciente de este mecanismo y se hubiera propuesto contrarrestarlo, se habría encontrado con muchas más muestras de atención de las que experimentó aquel día. Al obligarse a prestar atención a todo, y en especial a aquello que desmintiera su creencia negativa, estaría contrarrestando el efecto selectivo de su atención, y podría haber obtenido una visión más realista de la situación, que no era tan negativa como percibió en su momento. De nuevo, llevar un registro de cómo aquel día pudo obtener pruebas de que no era tan aburrida, poco interesante, o que no hablaba tan mal en público como creía, le podría haber ayudado a seguir combatiendo esas creencias en el futuro.

Y lo mismo podría hacer la próxima vez que quedara con su grupo de amigas, o en cualquier otra circunstancia en la que pudiera poner a prueba esas creencias negativas sobre sí misma.

Por último, es importante señalar que nuestra memoria suele estar distorsionada en este sentido, pero la de los demás no. Al menos, la de las personas que nos aprecian, que no tienen motivos para querer creer cosas malas de nosotros. Por lo tanto, es común encontrarse en la situación de hablar con alguien de algo que sucedió en el pasado y que su recuerdo diste mucho del tuyo. Que su relato de los hechos sea más positivo y te deje en mejor lugar que lo que tú recuerdas de lo sucedido.

Sí, la memoria de los demás tampoco es perfecta. Pero si alguien hace referencia a un hecho que desmienta una creencia negativa sobre ti, en lugar de invalidarlo automáticamente con frases como: «Es que no te acuerdas bien», «Eso lo dices porque me quieres», etc., aprovecha la oportunidad para recabar nueva información que pueda serte útil.

Ejemplo

Siguiendo con Andrea, si una amiga le dijera un día en una conversación: «Andrea, pero si hiciste muy bien la exposición en clase», ella podría responderle algo como: «¿En serio? ¿Y en qué te basas para decir eso? Porque según lo recuerdo yo, no me estaba prestando atención prácticamente nadie. ¿Te importaría contarme qué es lo que recuerdas tú? A lo mejor me ayudas a verlo de otra manera».

En definitiva, estos interludios tienen un objetivo claro: demostrarte en quién puedes confiar y en quién no. Llevas toda la vida confiando ciegamente en **tus pensamientos**, en **tus creencias**, en **tus pruebas**. Espero que ahora veas con más claridad la poca fiabilidad que tienen cuando se trata de creencias relacionadas con tu autoestima que llevas arrastrando desde la adolescencia, o incluso antes.

Pero no estás solo. Tienes a la gente que te rodea y te aprecia para ayudarte a llenar los huecos que faltan. Tienes tu capacidad de reflexión para separar mejor lo correcto de lo incorrecto. Tienes tus habilidades de investigación para ahondar en el pasado con una mirada más crítica y neutra, en busca de la verdad. Y tienes tu perseverancia para esforzarte en corregir el rumbo de ahora en adelante, para alcanzar la verdad sobre ti mismo.

Sí, tu cerebro no es perfecto. Y no pasa nada, pues hay muchas cosas que sí hace bien. Pero igual que los niños tienen que llegar al momento en que dejan de creer todo lo que le dicen sus padres como verdades absolutas, ya es hora de que tú dejes de creerte como verdades absolutas todo lo que te dice tu mente.

A tu instinto de supervivencia no le importa tu felicidad. Pero a ti, sí. Demuéstrale quién manda.

RESUMEN

Tu mente tiende a fijarse solo en lo que confirma tus creencias negativas —atención selectiva— y, con el tiempo, a recordar solo esas partes —memoria selectiva—, ignorando todo lo que podría desmentirlas.

Esto distorsiona cómo vives el presente y cómo recuerdas tu pasado, reforzando un autoconcepto injusto y limitante.

Entrena tu atención para fijarte también en las señales que contradicen lo que crees de ti, y escucha cómo lo recuerdan quienes te aprecian: su memoria puede ser más justa que la tuya. No te fíes tanto de tus pensamientos: no siempre están del lado de tu verdad, pero tú sí puedes estarlo.

10

¿Qué tipo de persona eres?

¡Enhorabuena! Has sobrevivido a la parte más densa y complicada del proceso. A partir de ahora todo será más relajado. Menos mental y algo más emocional, por así decirlo. Espero que lo disfrutes.

Para empezar, voy a hablarte de algo que parece que no tiene nada que ver con tu autoestima, pero que va a hacer que entiendas mejor uno de los grandes fallos que tenemos que corregir a la hora de definirnos. Vamos a hablar de coches. Sí, de coches. Sígueme la corriente un poco.

¿Cuál es, en tu opinión, el mejor coche que existe? Si no sabes mucho de marcas ni modelos concretos, quiero que al menos intentes visualizarlo o imaginarlo. Tómate un minuto para pensarlo de verdad antes de seguir leyendo.

¿Ya lo tienes? Bien. Si eres como la mayoría, habrás pensado en un Ferrari o cualquier otro tipo de superdeportivo de lujo. Y tiene mucho sentido: todos hemos crecido con los ideales de que lo mejor es lo más llamativo, lo más lujoso, lo más deseable, lo más atractivo... y que deberíamos aspirar a eso en la vida. Y sí, un superdeportivo es un muy buen automóvil para competir en carreras, para presumir o para ligar, pero... ¿es un buen coche para una familia con niños pequeños? ¿Es la mejor opción como vehículo de trabajo para un profesional de la construcción? ¿Es idóneo para ir todos los días a trabajar al centro de la ciudad sin gastar mucho? ¿O para ir de excursión a la montaña? Por muy increíble que pueda ser ese coche, es en realidad una opción terrible para muchísimas personas. Yo, por ejemplo, me compré una furgoneta hace poco, ya que tengo dos perros grandes y me gusta escaparme con ellos a la naturaleza. Y por mucho que me puedan gustar los deportivos, para mí ha sido la compra perfecta, aunque mi furgoneta no alcance los 300 km/h ni todo el mundo se gire a mirarme cuando estoy parado con ella en un semáforo.

Elegí ese modelo concreto de furgoneta en lugar de otros porque me gustaron sus prestaciones en seguridad y comodidad, y su marca es muy fiable. A mi parecer, es la mejor de todas las que entraban en mi presupuesto, y estoy encantado con ella. Y tiene tan poco sentido que le quite valor a mi maravillosa furgoneta por no tener atributos deportivos, como lo tendría desmerecer un Ferrari porque no le caben dos perros grandes en el maletero. Sencillamente, compararlos entre sí es un auténtico error. ¿Estamos de acuerdo en esto?

Vale, y si esto está tan claro, entonces ¿por qué cometemos ese mismo error constantemente al compararnos con otros tipos de persona tan distintas a nosotros? De la misma manera en que no existe un automóvil que tenga todas las ventajas y mejores atributos de todos los tipos de coches del mercado, no existe una persona que lo tenga todo: la inteligencia de una científica, el atractivo de un modelo, las habilidades de un artista, la resistencia de una atleta, el humor de un cómico, etc. Y si existe alguien así, desde luego no es algo a lo que todos debiéramos aspirar, porque debe ser una mezcla entre un milagro de la naturaleza y la agenda más estresante del mundo, por tener que dedicarle tanto tiempo y esfuerzo a tantas áreas distintas.

Lo única opción realista y justa con nosotros mismos es compararnos o medirnos tan solo con las personas que son del mismo «tipo» que nosotros. Y sí, ya sé que los seres humanos somos muy complejos y no podemos encasillarnos en una única categoría, pero tampoco podemos —ni debemos intentar— destacar en todos.

Para que nos entendamos, vamos a profundizar un poco más en esto de las categorías, para que sea más fácil reconocer en cuáles encajas mejor. A continuación, te propongo algunos ejemplos de categorías comunes de personas según varios roles cotidianos. Probablemente te reconocerás con facilidad en algunas y no mucho en otras, y no hay nada malo en ello. La idea no es etiquetarte rígidamente, sino ayudarte a entender mejor tus fortalezas y el valor que tienes en cada área de tu vida:

Rol de amistad

- El consejero: aquella persona a quien sus amistades acuden cuando necesitan una opinión honesta, profunda y reflexiva.
- El divertido: el amigo que siempre tiene un comentario ocurrente, hace reír a los demás y mantiene alto el ánimo del grupo.
- El organizador: aquel que toma la iniciativa de organizar planes y encuentros, preocupándose por que todo el mundo esté bien y cómodo.
- El confidente: esa persona que sabe escuchar sin juzgar, a quien los demás cuentan sus secretos porque inspira confianza.

Rol en la familia

- El cuidador: quien suele encargarse del bienestar emocional y físico de los demás, mostrando preocupación y cariño en el día a día.
- El conciliador: aquella persona que calma conflictos, busca acuerdos y mantiene armonía familiar.
- El resolutivo: quien rápidamente encuentra soluciones prácticas a los problemas cotidianos.
- El motivador: la persona que inspira y anima al resto a afrontar nuevos retos, ofreciendo apoyo emocional constante.

Rol en el trabajo

- El responsable: alguien fiable que cumple puntualmente sus compromisos y aporta estabilidad al equipo.
- El creativo: quien genera nuevas ideas y soluciones originales, y piensa de forma distinta a lo convencional.
- El mediador: aquella persona que facilita la comunicación, resuelve tensiones y ayuda al equipo a trabajar unido.
- El líder natural: quien guía al grupo hacia objetivos comunes, aportando motivación y dirección clara.

Rol en pareja

- El comunicador: fomenta el diálogo sincero y abierto, ayudando a mantener la relación sana y transparente.

- El detallista: quien demuestra su cariño a través de pequeños gestos diarios que mantienen viva la conexión emocional.
- El impulsor: la persona que aporta energía a la relación, motivando constantemente a salir de la rutina y probar cosas nuevas juntos.
- El empático: aquel que se preocupa de forma genuina por entender con profundidad a su pareja, ofreciéndole apoyo emocional constante.

Estos ejemplos no abarcan todas las posibilidades, claro, pero espero que te ayuden a ver con mayor claridad cuál es tu valor único en cada área. Aquello que te diferencia del resto y que debería tener más peso a la hora de definirte. Esas características que forman el «tipo de persona» que eres.

Con esto no quiero decir que tengas que conformarte con ser el tipo de persona que eres ahora para toda la vida; siempre hay margen para el crecimiento y el aprendizaje. Si realmente quieres desarrollar ciertas áreas en tu vida, puedes aspirar a ello. Algunos objetivos pueden ser atreverte a mostrar más tu humor, aprender a ser más resolutivo, etc.

Lo que sí debes hacer es darle el lugar que corresponde a tus cualidades más definitorias, tus rasgos más importantes y que te diferencian del resto. Porque nos hacemos muchísimo daño cuando envidiamos a otros tipos de persona —«ojalá fuera más líder», «ojalá fuera yo a quien acuden cuando necesitan un confidente», etc.— e ignoramos en gran medida todas las características que sí tenemos y que, por el tipo de persona que somos, podemos ofrecer a los demás.

Sí, no todos podemos ser superdeportivos o coches muy populares, pero eso no significa que no tengamos un mercado de gente que necesita a alguien como nosotros y que está —o estaría, si tuviera la oportunidad— muy agradecido de tenernos en su vida. Tenemos que dejar de darle una importancia exagerada a lo que nos gustaría ser y empezar a valorar más lo que sí somos.

Tarea

Ahora te invito a que reflexiones brevemente sobre los siguientes puntos:

- ¿En cuáles de las categorías anteriores encajas más claramente? ¿Se te ocurren otras en las que también puedas encajar? Anótalas cerca de tus listados de aspectos positivos, para tenerlas en cuenta más adelante.
- Quiero que, por un momento, pienses en tu persona favorita. La persona que haya en tu vida que más admirable te parezca, o que más feliz te haga, o cuya compañía disfrutes más.
- ¿Encaja y destaca en todas las categorías que hemos mencionado o que se te hayan ocurrido en la reflexión anterior? Como seguramente la respuesta sea no, ¿aprecias menos a esta persona por no destacar o encajar en varias de esas categorías?
- ¿Hay alguna categoría en la que tú encajes mejor que esta persona? Y como seguramente la respuesta sea sí, ¿eres, entonces, mejor que ella por destacar más en algún área en concreto?
- ¿Reconoces ahora lo injusto y lo erróneo que es compararte constantemente con categorías distintas a las tuyas,

y definirte en función de las que no cumples en lugar de en función de las que sí?

Recuerda: tu valor reside en entender qué aportas de verdad en cada área de tu vida, sin necesidad de ser perfecto ni de encajar o destacar en todas las categorías posibles. Eres valioso precisamente por lo que sí eres y lo que aportas a tu propia manera.

RESUMEN

Las comparaciones injustas surgen cuando se evalúa el propio valor según atributos que pertenecen a otros «tipos» de personas, en lugar de reconocer las propias fortalezas. Del mismo modo que no tiene sentido comparar un coche deportivo con una furgoneta si cumplen funciones distintas, tampoco lo tiene desmerecerse por no encajar en cualidades que no definen el propio rol. Identificar en qué áreas se destaca —en la amistad, la familia, el trabajo, en la pareja, etc.— permite comprender mejor el propio valor y dejar de medir la valía según estándares ajenos o inalcanzables.

Tercera parte

Cómo reparar tu imagen corporal. Creando una relación más sana con tu cuerpo

11

Imagen corporal: reconciliándonos con el espejo

Si buscamos en internet cómo mejorar nuestra imagen corporal, muchos resultados nos llevarán al movimiento *body positive* —positividad corporal o cuerpo en positivo, en español—. Y aunque este movimiento se haya extendido mundialmente, con una gran presencia en las redes sociales, a efectos prácticos funciona mucho menos de lo que podría parecer.

El movimiento *body positive* es una corriente social que busca fomentar la aceptación y el amor hacia todos los tipos de cuerpos, independientemente de que cumplan o no con los cánones de belleza dominantes. Su lema principal es que «todos los cuerpos son bellos».

Aunque esta corriente nace con una intención valiosa, muchas veces cae en una positividad exagerada y superficial, donde se anima a las personas a amar incondicionalmente su cuerpo de forma inmediata. El problema es que esto ignora causas más profundas que sostienen una mala imagen corporal, como experiencias pasadas, creencias arraigadas o estándares socioculturales aprendidos durante años. Decirle a alguien que sencillamente debe «amar sus defectos» y que tiene que pensar que son bellas aquellas partes de su cuerpo que lleva toda la vida despreciando puede generar frustración, dificultando un cambio profundo y auténtico en su autoconcepto.

Este movimiento comete el mismo error que otros muy conocidos, basados en los ejercicios de «afirmaciones positivas». Seguro que has escuchado alguna vez eso de ponerse delante del espejo y repetir frases como «soy fuerte», «soy una reina» o «puedo conseguir todo lo que me proponga».

Puede parecer una solución rápida y sencilla para mejorar nuestra autoestima, pero su efectividad real es muy limitada.[6] La ciencia ha demostrado que solo funciona en personas que ya tienen una buena autoestima, a modo de recordatorio o refuerzo de lo que ya creen. Pero para aquellas con una baja autoestima o con creencias negativas muy arraigadas sobre sí mismas, estas afirmaciones no solo son ineficaces, sino que incluso pueden ser contraproducentes, generando sensación de fracaso y malestar por percibirse como falsas o irreales. Si una persona no cree de verdad las afirmaciones que se repite, su cerebro genera resistencia y rechazo —¿recuerdas el interludio sobre la disonancia cognitiva? Como consecuencia, estas frases se rechazan internamente, sin llegar a generar un cambio real.

La realidad es que no podemos obligarnos a creer algo en lo que no creemos por mucho que lo repitamos. La única manera de cambiar una creencia es con argumentos que nos hagan ver que estábamos equivocados y que la nueva creencia es más acertada. Luego debe haber un trabajo continuado por actuar en función de esa nueva creencia. Por eso aquí no vamos a buscar una mentira muy bonita a la que aferrarnos, sino a buscar la verdad más honesta y objetiva que seamos capaces de encontrar, y a darle el lugar que le corresponde. Ni más, ni menos. Y, créeme, puede parecer poco, pero es muchísimo.

No tienes que «amar tus defectos» para amarte a ti mismo. Ni tampoco tienes que esperar a que desaparezcan y ser perfecto según la sociedad para quererte de manera sana. Lo bonito de quererte bien es que puedes tener aspectos que no te gusten de ti, y no definirte cruel y exageradamente por ellos. Puedes amarte de una forma profunda «a pesar de tus defectos», de la misma manera en que puedes estar muy enamorado de alguien que, como todos, también tiene sus defectos y sus aspectos negativos.

Una vez aclarado esto, seguimos contigo. Hay una razón por la que he dejado el apartado de la imagen corporal para el final: sencillamente, es una de las partes de nuestra autoestima más resistentes al cambio, y vamos a necesitar todo lo que hemos aprendido y trabajado hasta ahora para poder hacerle frente.

RECORDATORIO

Tu autoestima actual no es una verdad absoluta, y lo mismo ocurre con la imagen corporal. Se basa en comparaciones injustas, expectativas irreales y mensajes externos, muchas veces equivocados, que empezaste a recibir en tu infancia y adolescencia.

En la imagen corporal hay varios factores específicos que contribuyen a aumentar esa resistencia al cambio:

- **La adolescencia y la necesidad de aceptación**: durante la **adolescencia**, la prioridad número uno es ser **aceptados y valorados por nuestros iguales** (las personas de nuestro grupo de amigos, compañeros de instituto, etc.). A esas edades no tenemos la madurez suficiente para entender que la apariencia no determina nuestro valor real y, por eso, el aspecto físico se convierte en uno de los factores más determinantes para la aceptación social. En la mayoría de los contextos, ser atractivo en la adolescencia te impulsa a ser aceptado, y no encajar en los cánones establecidos lo dificulta enormemente. Presenciar cómo otras personas reciben lo que más anhelamos, en gran parte porque su físico es diferente al nuestro, nos enseña —erróneamente— que para tener éxito en la vida y ser feliz necesitamos un físico normativo y atractivo. No es de extrañar que, según un estudio realizado en 2017 por el movimiento «La Rebelión del Cuerpo», el 89 por ciento de las mujeres cree que su apariencia física afecta a su satisfacción con la vida, y que una de cada dos niñas siente presión por su aspecto. En hombres ocurre algo similar, aunque en menor medida.

- **Exposición constante a modelos idealizados**: como ya hemos mencionado, la **sociedad**, especialmente a través de las redes sociales,la publicidad y los medios de comunicación, nos expone continuamente a **modelos de belleza idealizados e irreales en extremo.** [7] Estas personas no solo pertenecen a un extremo de la campana de Gauss —como el Ferrari del capítulo anterior—, sino que esas imágenes están modificadas por iluminación y maquillaje profesional, a menudo están alteradas digitalmente o muestran a personas con numerosos retoques estéticos y quirúrgicos o que consumen anabolizantes. Estas imágenes están tan omnipresentes que asumimos de forma inconsciente que son normales y fácilmente alcanzables, haciendo que sea casi imposible sentirnos cómodos con cuerpos reales.[8]

- **Refuerzo constante de la apariencia como valor principal:** en nuestro **entorno cercano** —familia, amistades, pareja—, suelen hacerse **comentarios frecuentes sobre la apariencia física**, tanto positivos como negativos, lo que refuerza continuamente la importancia del físico como fuente principal de valor personal. No se suelen hacer comentarios si un día estás particularmente ingenioso o generoso, si has sido muy responsable o si has aprendido algo nuevo. Pero es muy común recibir comentarios en cuanto cambia algo tu peso, tu pelo, tu piel, la ropa que llevas, etc. Esta presión constante hace que nos resulte especialmente difícil redefinir nuestro valor fuera de lo físico.
- **Comparación automática e inevitable: comparar nuestro físico** con el de los demás es algo automático e inevitable porque es **lo primero que percibimos.** Aunque trabajemos para reducir estas comparaciones, siguen surgiendo continuamente en nuestro día a día, lo que refuerza la autocrítica y dificulta cambiar nuestra percepción negativa.
- **Nos identificamos mucho con nuestra imagen corporal:** como ya vimos en el interludio B sobre las creencias centrales, cuanto más nos identifiquemos con una creencia, más resistencia presenta al cambio. Como durante la adolescencia —cuando se termina el proceso de construcción de la autoestima— nuestra imagen es uno de los aspectos centrales para nosotros, todas las creencias sobre nuestro físico que desarrollemos en esa época van a ser protegidas por tu cerebro lo más ferozmente posible.

El motivo de explicarte todas estas dificultades no es en absoluto desanimarte o sugerir que no se puede cambiar. Hay principalmente dos conclusiones positivas sobre todo esto:

1. Es normal que, al principio, te cueste algo más trabajar sobre tu imagen comparado con lo que hemos realizado en otros aspectos, así que no te frustres si sientes que te cuesta más avanzar en este terreno. Estoy seguro de que también lo conseguirás en esta área.
2. Cuanto mayor sea la resistencia de una creencia errónea a ser cambiada, más numerosas y mayores serán las mentiras y distorsiones que serán necesarias para mantener el discurso de que es cierta. Por lo tanto, como las creencias sobre la imagen corporal son de las que más resistencia presentan, no deberías fiarte demasiado de ellas porque, potencialmente, son las más falsas y las más lejanas de la realidad. Si, por ejemplo, una persona muy inteligente está convencida de que es poco inteligente, a pesar de que la inteligencia es un rasgo relativamente objetivo y a pesar de ponerse a prueba con frecuencia durante su juventud, puede creer también que sus atributos físicos son mucho peores de lo que son, ya que la belleza es un terreno tremendamente subjetivo y variable.

Por eso quiero que tengas muy claro que la cantidad de errores, distorsiones y ausencias que hayas encontrado en los aspectos no físicos de tu autoconcepto probablemente no sean ni la mitad de todos los que pueden encontrarse en tu autoimagen. Usa esto como impulso para abrir tu mente a la idea de que tu imagen es probablemente mucho mejor de lo que crees y no pares hasta encontrar en qué te equivocabas. Esfuérzate de verdad en ser el abogado defensor que tu cuerpo merece, pero nunca tuvo.

En uno de los próximos capítulos vas a recabar opiniones externas sobre ti, incluyendo tu físico. Así que te advierto desde ya para que te vayas abriendo a la idea de que puede que el resto del planeta perciba tu imagen de una manera **muy** distinta a la tuya, mucho más amable y realista, y que puede que esa visión sea mucho más cercana a la realidad que la tuya propia. Eso sí, es importante aclarar que me refiero a la opinión de la gente que te aprecia y que te trata bien. Porque, a veces, en la familia o en otros círculos cercanos se dan patrones muy dañinos de señalar y criticar en exceso algunos atributos físicos. Y si hablamos de desconocidos —especialmente en las redes, y sobre todo cuando el destinatario es una mujer—, es muy común recibir insultos o críticas a tu imagen, aunque se trate de una modelo profesional. Pero, en general, va a haber mucha más verdad en esa persona que te dice que tienes los ojos o las manos bonitas que en todo aquello negativo que tú veas en el espejo.

Ejemplo

Te cuento un poco mi caso, para resumir todo lo que acabamos de ver. Como ya he mencionado anteriormente, en mi adolescencia tenía algo de sobrepeso. Ahora sé que no era mucho, pero a mí me parecía muchísimo. Sea como fuera, era lo suficiente para ser señalado y rechazado abiertamente por ello. Tampoco ayudaba tener unas gafas que siempre estaban dobladas, un bigote que ya sombreaba mucho —pero que no me dejaban afeitarme— y el tabique nasal desviado por un puñetazo. La realidad es que, por aquella época, yo me sentía absolutamente indeseable y odiaba todo de mi imagen corporal. A eso se le sumaba el presenciar constantemente cómo los «macarras» de mi barrio eran alabados por ser guapos a pesar de sus grandes carencias en otras áreas, y que las chicas que me gustaban estaban siempre enamoradas de ellos aunque no se portaran precisamente bien con ellas. No sé cuántas veces me dijeron: «Ojalá encontrara un chico como tú», que dejaba en el aire un «pero que me guste físicamente, claro». Estaba más que convencido: si eres atractivo se te perdona todo, y si no, no vas a conseguir nada.

En un intento de corregir la situación, a los veinte años decidí tomármelo en serio y cambiar mi físico. Empecé a entrenar regular e intensamente en el gimnasio y a hacer dieta estricta. Varios años después, estaba razonablemente musculado y con un índice de grasa más o menos bajo. Y se supone que ahí debería haberse acabado el drama. Por fin tenía un cuerpo mucho más normativo, unas gafas nuevas muy bonitas y el bigote-pelusa se había convertido en una barba bien definida.

Pero nada más lejos de la realidad. Porque por mucho que hiciera me seguía viendo gordo, con barriga y muy ancho de caderas. Y por supuesto, en mi mente eso era algo muy grave. Seguía yendo a la playa sin quitarme la camiseta. Seguía «metiendo barriga» cada minuto de mi vida. Seguía sin atreverme a acercarme a ninguna chica, convencido de que jamás tendría interés en mí.

Cada vez que recibía un cumplido sobre mi físico, lo descartaba inmediatamente con pensamientos como «eso es porque no me ha visto sin camiseta y no ha visto mi barriga» o «seguro que lo dice por quedar bien o por pena». En la facultad, cada vez que una chica mostraba interés en mí, pensaba que era porque quería aprovecharse de mis buenas notas y pedirme apuntes o hacer algún trabajo grupal conmigo. Es más, una chica que me gustaba mucho llegó a proponerme pasar el viernes por la noche estudiando en mi piso, y le respondí que me concentraba mejor solo. Sí, eso pasó de verdad. Así de convencido estaba de lo poco atractivo que era y, por consiguiente, de la imposibilidad de que yo le gustara a alguien. Porque ¿a quién le iba a gustar una persona sin un físico absolutamente normativo y «perfecto»?

Mi mente se aferraba a aquellas creencias concretas que se habían solidificado cuando se terminó de construir mi autoimagen en mi adolescencia: «estoy gordo, tengo las caderas anchas, tengo mucha barriga, soy feo, se me nota mucho la nariz torcida, gesticulo raro cuando hablo», y un largo etcétera. Y hacía lo posible —inconscientemente, claro— por seguir manteniéndolas, aunque tuviera que distorsionar la realidad que era evidente para todos menos para mí.

Carecer de abdominales definidos y tener un poquito de grasa en el vientre no es igual a tener «mucha barriga». Es cierto que mis caderas eran relativamente anchas, pero hacía tanto ejercicio que mi espalda lo era bastante más, y, sumado a mis 1,85 metros de altura, quedaba una estructura bastante ajustada a los cánones de belleza actuales. La realidad es que tenía que obsesionarme con mis defectos y darles una importancia desmesurada a diario para poder seguir convenciéndome de que ese chico alto y fuerte era tan poco atractivo que jamás le podría gustar a nadie.

Ahora veo las fotos de aquella época y puedo ver claramente lo ciego que estaba. Sí, no era ningún modelo, pero desde luego no era el adefesio que creía ser, y por supuesto que podía haberle parecido atractivo a alguna chica.

Es triste, sí, pero me hace enormemente feliz haber aprendido a ver la realidad. Ahora me quito la camiseta en cuanto llego a la playa, a pesar de estar muchísimo menos en forma que en la universidad. O me atrevo a publicar vídeos en las redes con mi cara en primer plano. Porque eso es lo bonito de una autoestima sana: no es necesario destacar ni encajar en ningún canon exagerado para permitirte que te quieras. Y eso lo vamos a conseguir juntos en este proceso.

Lo que me permitió empezar a cambiar mi autoimagen —y el motivo por el que he dejado este apartado para el final— es que entre la imagen corporal y la autoestima «personal» hay un camino de doble sentido: **trabajar en nuestra autoestima general mejora la imagen corporal, y mejorar la relación con nuestro cuerpo también fortalece nuestra autoestima.** Si empezamos a apreciarnos más como personas completas, nuestros «defectos» físicos se vuelven más pequeños en la balanza de la autoevaluación. Y si trabajamos de forma específica en ver nuestro cuerpo con más justicia y aceptación y menos crítica, nos sentiremos más seguros y valiosos en conjunto. Además, cuando uno se siente mejor consigo mismo, tiende a cuidarse más, creando una inercia favorable para el cambio.

Ejemplo

Tras haber avanzado en su proceso de reparación de autoestima, Almudena empezó a aceptar su cuerpo tal y como es. Gracias a eso, se animó por fin a ir a la piscina, con menos vergüenza.

Esa experiencia positiva —descubrir que podía disfrutar nadando, que nadie estaba juzgando cada centímetro de su cuerpo como temía— le hizo ganar confianza para probar otras cosas y seguir cuidándose sin obsesionarse con cómo se le percibía.

Poco a poco, su autoestima se fue fortaleciendo al cuidar más su físico y vivir más acorde a lo que quiere, en vez de quedarse paralizada por la vergüenza o el qué dirán. Este impulso la llevó a atreverse a probar otras actividades, no tan relacionadas con su físico, a las que antes no se sentía con suficiente confianza como para practicarlas.

Para mejorar tu imagen corporal te propongo un trabajo en dos partes, en los dos próximos capítulos. La primera parte va dirigida a corregir la descripción de tu autoimagen y la segunda a cómo valoras esa descripción. Si recuerdas las definiciones de conceptos que hicimos al principio del libro, habrás notado que la primera parte va dirigida al autoconcepto y la segunda a la autoestima. Vamos al lío.

RESUMEN

La imagen corporal suele estar construida sobre creencias distorsionadas, adquiridas en la adolescencia y reforzadas por comparaciones injustas, presión social, idealización estética y comentarios constantes sobre el físico. Movimientos como el **body positive** o el uso de afirmaciones positivas pueden ser poco efectivos o incluso contraproducentes si no se cuestionan primero las raíces de la autoimagen negativa. Mejorar la relación con el cuerpo no consiste en amarlo forzadamente, sino en describirlo y valorarlo con más justicia, comprensión y realismo. Al fortalecer la autoestima general, la percepción corporal también mejora, y al cuidar más la relación con el cuerpo, se potencia la autoestima en conjunto.

12

Imagen corporal: afinando tu autoconcepto

Ya hemos establecido que la descripción de tu imagen corporal, con bastante seguridad, está llena de errores y distorsiones. Pues para poder cambiarlas hay que aprender a reconocerlas. Para ello, quiero que pases unos días intentando ser muy consciente de cómo te hablas sobre tu físico, y que apuntes lo que descubras en las notas del móvil, ya que casi siempre lo tenemos a mano.

Todos tenemos, en mayor o menor medida, un crítico interno que comenta nuestra apariencia. Por ejemplo, al probarte ropa frente al espejo podrías pensar: «Me veo horrible, nada me queda bien, con este cuerpo es imposible que alguien me encuentre atractivo». Este tipo de pensamientos suelen aparecer automáticamente y vienen cargado de emociones: tristeza, ansiedad, vergüenza. El primer paso es **darnos cuenta** de estos pensamientos automáticos negativos.

Puedes practicar observándote: cada vez que notes que estás malhumorado o desanimado por tu apariencia, detente y pregúntate: «¿Qué estaba pensando justo antes de empezar a sentirme así?». Tal vez descubras frases como «vaya barrigón tengo», «estoy hecho un desastre» o «cada vez tengo más ojeras».

Una vez tengas una buena lista de pensamientos sobre tu imagen, súmales todos los aspectos negativos sobre tu físico que habías añadido al listado del principio, para reunirlos todos. Quiero que elijas un momento tranquilo, en el que estés de relativamente buen humor y te pares a reflexionar sobre ellos, uno por uno, con las siguientes preguntas:

- Si tuviera un amigo con una característica común a mí —por ejemplo, una boca o unas piernas iguales a las mías—, ¿pensaría de él lo mismo que pienso de mí? Si la respuesta es «no», ¿qué pensaría entonces?
- Probablemente a él le definiría con mucho más respeto y cariño. ¿Cómo describiría esa característica, con honestidad, pero con empatía, si perteneciera a una persona a la que quiero?
- Es muy posible que mi definición se base en ideales de perfección y, por lo tanto, el resultado sea que, en comparación, esa parte es **muy** grande, gorda, pequeña, fea, etc. Si me paro a recordar todo lo aprendido en el capítulo de las comparaciones, e intento replantearlo desde un marco de comparación más real y justo, ¿se aleja **tanto** de lo que puedo ver en mi día a día por la calle?
- ¿He recibido alguna vez algún comentario sobre esa parte que fuera positivo o, al menos, menos negativo a como yo lo percibo? Si me paro de verdad a intentar recordarlo y a planteármelo, después de todo lo que he visto en este libro, ¿puede que esos comentarios tuvieran algo de validez, pero sencillamente fuera casi imposible que los aceptara como válidos en su momento?
- Si he recibido comentarios negativos sobre esta parte de mi cuerpo, ¿procedían de personas que me apreciaban, que en

general me trataban bien y me deseaban lo mejor? ¿Creo que estas personas estaban haciendo una descripción objetiva y sin mala intención, o puede que hubiera detrás un componente de malicia, unas propias creencias distorsionadas sobre la imagen o un contexto que animaba a la crítica?

De nuevo, el objetivo de este ejercicio no es hacerte creer que eres perfecto ni que todas tus características son maravillosas. Lo que queremos es intentar darle a todo su justa medida. Hay una diferencia abismal entre, por ejemplo, creer que tienes una nariz ligeramente grande —descripción justa y realista— y pensar que tu nariz es enorme y horrible —descripción exagerada, despectiva y dañina—. De hecho, hablando de narices, te voy a compartir una anécdota que te prometo que es cien por cien real, aunque mantendré a las partes implicadas en el anonimato.

Ejemplo

Durante años, he escuchado constantemente por parte de dos amigas distintas lo feísimas que eran sus narices y cuánto las afeaba esa característica. Una decía que su nariz era grandísima y la otra, que era demasiado «picuda». He tenido que borrar decenas de fotos porque, según ellas, «desde ese ángulo se les veía una nariz horrible y salían feísimas». A mí siempre me parecieron muy guapas ambas, pero nunca conseguí quitarles esa idea de la cabeza, por mucho que lo intentara. Ni yo ni los muchísimos chicos que han mostrado interés en ellas desde que las conozco.

Estas dos chicas no se conocían en persona, aunque me habían escuchado hablar mucho la una de la otra. Al final, una noche coincidimos todos en una celebración y pude presenciar el momento en que se vieron mutuamente por primera vez. La conversación fue tal que así:

Amiga 1: ¡Tíaaaaa, por fin te conozco! Madre mía, ¡eres guapísima!

Amiga 2: ¡Qué dices! ¡Tú sí que eres guapa, por favor!

Amiga 1: Ay, me encanta tu nariz, de verdad.

Amiga 2: ¿En seriooo? Pero si es horrible. A mí me encanta la tuya, ¡es superbonita!

Amiga 1: ¡Pues yo te la cambiaría encantada por la tuya!

Amiga 2: Ojalá se pudiera, ¡te la cambiaba ahora mismo!

Creo que la conclusión se explica sola. Claramente ninguna de las dos tenía la nariz que se decía a sí misma que tenía, pero, por muchas pruebas que recibieran de lo contrario, seguían aferrándose a su descripción exagerada y distorsionada, lo que generaba incongruencias tan grandes como la de esta situación.

Tarea

Para finalizar, quiero que, teniendo en cuenta todo lo que has reflexionado en las preguntas anteriores, intentes la siguiente actividad. Vas a describirte físicamente, pero haciendo el ejercicio consciente de redactarlo de la siguiente manera:

- La descripción tiene que ser honesta y realista, pero con cariño y respeto. Para ello, imagina que debes describir lo más acertadamente posible a un ser querido para que le hagan una estatua. Querrás que el resultado se parezca de verdad a esta persona, pero estoy seguro de que no usarás términos despectivos, exagerados ni dañinos, ¿verdad?
- Tiene que incluir también aspectos positivos, que te gusten de tu físico, o al menos que te parezcan neutrales, ni para bien ni para mal. A veces nos centramos tanto en lo que no nos gusta que damos por sentado o ignoramos las partes más bonitas y que realmente podrían gustarnos más si no nos miráramos bajo un prisma tan negativo. Pueden ser aspectos que pasan más desapercibidos habitualmente —las manos, los ojos, la suavidad de la piel, la textura del pelo, el color de los labios, las cejas, etc.—. Es fácil pasarlo por alto bajo la justificación de que no suelen ser los puntos principales en los que se basa la atracción sexual. Pero la realidad es que siguen siendo partes de ti, y por supuesto que cuentan, ya que percibimos a los demás como un conjunto de características. Igual que ocurre al admirar un cuadro, lo que vemos es la imagen global, no exclusivamente las partes más importantes, miradas con lupa. Aquí ayuda mucho recordar los comentarios positivos que hayamos recibido a lo largo de nuestra vida, aunque en su momento los descartásemos.

Una vez esté escrita la descripción, quiero que la guardes en algún lugar que puedas releer cada varios días mientras te encuentres en este proceso. Si te descubres teniendo algún pensamiento inicial de los que ya has cambiado en tu descripción, oblígate a corregirlo de inmediato en tu mente y a recordarte qué es real, aunque no te lo parezca del todo. Si crees que tu comportamiento con respecto a esa característica también debería corregirse, anímate a intentarlo; ya verás como más adelante te alegrarás de haberlo hecho.

Ejemplo

Tres días después de hacer esta tarea, Alicia se mira al espejo y se descubre pensando que tiene «unas ojeras de mapache feísimas» y que «se moriría de vergüenza si tuviera que salir a la calle así, sin maquillar». Como ha podido reflexionar sobre ello y ver que era una descripción distorsionada e injusta, aprovecha para recordarse lo que escribió en su descripción justa: «Tengo las ojeras ligeramente marcadas, lo cual es algo bastante habitual en muchas personas. No son perfectas, pero tampoco destacan especialmente ni afectan mucho a mi aspecto general». Como tenía prisa por irse, Alicia se obliga a atreverse a salir por primera vez en mucho tiempo sin taparse las ojeras con maquillaje; una acción que va muy acorde a su descripción realista y que la impulsa a seguir un camino de aceptación y comprobación de la realidad.

Recuerda que tu autoconcepto antiguo —el de antes de empezar a trabajar en él— está construido con el discurso de otras muchas personas y reafirmado posteriormente por ti, a menudo distorsionando la realidad una y otra vez. Si queremos modificarlo, es importante cambiar el discurso y corregirlo cada vez que tengamos oportunidad, para que el nuevo vaya sustituyendo poco a poco al antiguo hasta que acabe desapareciendo.

Date unos cuantos días de práctica consciente sobre este apartado antes de seguir con el siguiente capítulo.

RESUMEN

La descripción que hacemos de nuestro cuerpo suele estar cargada de distorsiones aprendidas y reforzadas durante años, y que operan de forma automática a través de un discurso interno negativo. Observar y cuestionar de manera consciente estos pensamientos permite identificar exageraciones y juicios injustos que no aplicaríamos a otras personas. Cambiar la forma en que nos describimos físicamente no implica mentirnos, sino adoptar una mirada honesta, precisa y compasiva, reconociendo tanto los aspectos que no nos gustan como aquellos que son neutros o incluso positivos. Reformular este discurso con respeto es un paso clave para afinar el autoconcepto corporal y avanzar hacia una relación más saludable con la propia imagen.

Resumen de la tarea

Consiste en escribir una descripción física propia que sea honesta, precisa y respetuosa, incluyendo también aspectos neutros o positivos que suelen pasarse por alto. Se trata de replantear el discurso interno, como si se describiera a un ser querido para hacerle justicia, y releer esa nueva descripción con frecuencia, corrigiendo mentalmente cualquier pensamiento antiguo que vuelva a aparecer. De este modo, vamos entrenando al cerebro para sustituir poco a poco nuestro autoconcepto antiguo por uno más justo y equilibrado.

13

Imagen corporal: eres mucho más que tu belleza

Ahora que el concepto de tu imagen corporal empieza a ser cada vez más realista, es momento de darle el valor que le corresponde. Como ya vimos hace dos capítulos, hay muchos motivos por los que le damos al físico una importancia mucho mayor de la que debería corresponderle.

Hemos construido toda una sociedad que prioriza el físico por encima de aspectos mucho más importantes y definitorios del ser humano, pero es el momento de decidir si quieres seguir el resto de tu vida permitiendo que esas normas injustas te definan y dicten tu vida, o si quieres bajarte del carro y empezar a vivir basándote en lo que tú crees que es más justo e importante.

Como dijo Jiddu Krishnamurti: «No es saludable estar bien adaptado a una sociedad enferma». Por suerte, cada día más y más personas están consiguiendo apartarse de esas normas establecidas por la sociedad. Y menos mal, porque se vive mucho mejor así.

Mas allá de la apariencia estética

Por increíble que parezca, se nos olvida que nuestro cuerpo es una herramienta maravillosa que nos permite vivir, sentir y experimentar el mundo. Sé que esto que voy a decir va a sonar mucho a frase de taza de Mr. Wonderful, pero es una verdad incuestionable: tu cuerpo respira, camina, abraza, baila, ríe y te conecta con las personas que quieres. Tu cuerpo saborea la comida, siente el calor del sol en la piel, el olor de un café recién hecho. Tu cuerpo puede acariciar, dar placer, disfrutar y ser disfrutado. Tu cuerpo hace cosas maravillosas por ti a cada instante, y nuestro objetivo es que todo esto ocupe más espacio en tu mente que la imagen que devuelve el espejo.

No espero que pensar en esto, de repente, te llene de júbilo y lo solucione todo de golpe, pero sí que te haga reflexionar lo suficiente como para que empieces a cambiar, poco a poco, día tras día, cómo te relacionas con tu cuerpo.

Metáfora

Imagina por un momento una de esas típicas madres y abuelas «de toda la vida». De las que se levantaban las primeras, se acostaban las últimas y no se sentaban ni un momento en todo el día. Madres que no paraban ni un segundo de hacer cosas por los demás, con todo el sacrificio y el amor del mundo. Y casi siempre en la sombra, sin reconocimiento alguno por su trabajo.

Qué fácil es dar por sentada una comida casera que se ha tardado tres horas en preparar. La casa y la ropa limpia. Todas las citas médicas, cumpleaños de familiares y demás fechas perfectamente organizadas. Y qué fácil es perder los nervios y hablarles mal porque no saben hacer algo con el móvil. Molestarnos con ellas porque justo tienen que pasar la aspiradora cuando queríamos dormir. Quejarnos de ellas por sus defectos, sin habernos parado a reconocer y agradecer las mil cosas que han hecho bien antes.

Pues exactamente así es tu cuerpo, y qué fácil es ser ese hijo desagradecido que lo odia porque tiene un poco más de grasa aquí de la que nos gustaría, menos músculo allí, una marca, una estría o una arruga por la edad. Y mientras, nuestro cuerpo se desvive veinticuatro horas al día por darnos la vida y permitirnos disfrutar todo lo que está a nuestro alcance.

Igual que esas madres invisibles suelen ser profundamente añoradas cuando ya no están, y te dejan con la culpa de no haberles agradecido todo lo que hacían cuando aún podías, tu cuerpo también se marchitará y dejará de poder hacer todas las cosas tan increíbles que hace ahora. Y entonces, en tu vejez, echarás la vista atrás y te darás cuenta de que esa marca, esa grasa, ese «defecto» que tanto odiabas no importaba nada en comparación con todo lo que tu cuerpo sí podía hacer y ahora es incapaz. Cuando tu cuerpo tenga dificultades para moverse, para comer, para percibir el mundo que le rodea, te darás cuenta de lo que es realmente importante y de lo que no.

Solo espero que este libro te ayude, entre otras cosas, a reconciliarte con tu cuerpo, prodigio de la naturaleza, y puedas empezar a apreciar todo lo que hace y todo lo que es, a pesar de sus «defectos estéticos».

Ninguna madre o abuela es perfecta, y tu cuerpo tampoco lo es. Pero tú decides quién quieres ser al final de tu vida: quien aprendió a amar y a valorar todo lo que recibía, o quien se centró solo en las imperfecciones y se dio cuenta, demasiado tarde, de que vivió su vida equivocado.

En esto se basa el movimiento *body neutrality* —neutralidad corporal, en español—. Desde esta perspectiva, no se te obliga a amar cada centímetro de tu piel ni a celebrar aquellos aspectos que quizá no te gusten; en su lugar, se te invita a quitar el foco en tu apariencia y dirigirlo hacia la funcionalidad, hacia todo lo que tu cuerpo te permite realizar y disfrutar cada día. La clave no es enamorarte de tus supuestos «defectos», sino aprender a dejar de prestarles tanta atención.

Ejemplo

Déjame volver a los coches en este ejemplo que, como siempre, está basado en un hecho real.

Como ya comenté en el capítulo 10, tengo una furgoneta. Cuando apenas tenía un par de meses, al dar marcha atrás, no vi un pivote de cemento y golpeé la parte trasera de la furgoneta contra él, abollando la esquina del paragolpes. El daño fue exclusivamente estético: se hundió esa parte de la carrocería como si le hubieran dado un puñetazo muy fuerte, pero, por lo demás, la furgoneta está en perfecto estado.

Si yo fuera una persona a la que le importa mucho la estética, y creyera que es una parte importante de quién soy y de cómo me perciben los demás, habría ido inmediatamente al taller a repararla para que no se notase el golpe.

Y si no hubiera podido permitirme la reparación, me provocaría mucho malestar cada vez que lo viera. Me avergonzaría de que mis conocidos me vieran con una furgoneta abollada. Puede incluso que dejara de usarla en algunas ocasiones para evitar que algunas personas me juzgaran por ello.

Pero, por suerte para mí, no soy esa persona. Así que, como encajar en la «perfección estética» no es algo prioritario para mí en absoluto, puedo conducir felizmente mi furgoneta a pesar de tener ese golpe. Y eso no me impide disfrutar de todo lo que me ofrece, como ir al campo con mis perros o poder ayudar a un amigo en una mudanza. Honestamente, la mayor parte del tiempo ni recuerdo que existe, y cuando veo la abolladura, si bien no me gusta y hubiera preferido que no estuviera, no me afecta emocionalmente.

Otra de las ventajas de este cambio es que, al desplazar la importancia desde cómo nos vemos hacia lo que podemos hacer, cambiamos también el objetivo de nuestras acciones relacionadas con el cuerpo.

Así, conseguimos dejar de hacer ejercicio con la carga mental de adelgazar o cumplir cánones externos, y empezamos a hacerlo para sentirnos con energía, mejorar nuestra salud física y psicológica, y disfrutar del movimiento. Podemos prestar atención a lo que comemos, no para ajustarnos a una talla, sino para nutrirnos bien y cuidar nuestro bienestar. En definitiva, adoptar una perspectiva más neutral sobre nuestro cuerpo nos libera. Permite que la autoestima no dependa de algo tan variable, efímero y subjetivo como la apariencia física.

Recuerda: lo que sientas hacia tu cuerpo no tiene por qué definir lo que sientes hacia ti mismo. Eres mucho más que una imagen, y mereces vivir tu vida según esa realidad.

No es lo mismo desear que querer

¿Recuerdas que hablamos en el capítulo 10 sobre los distintos tipos de persona? A modo de metáfora, decía que hay distintas clases de coches y que cada una tiene sus ventajas y sus desventajas con respecto a las otras. Y que no se podía argumentar que un automóvil era objetiva y universalmente mucho mejor que otro porque depende enormemente de las necesidades de la persona que lo vaya a utilizar.

Pues es momento de encajar tu imagen corporal dentro del «tipo de persona» que quieres ser. Aunque primero nos vamos a parar un momento en eso de «querer ser».

En terapia, hablo mucho de la diferencia entre desear y querer algo.

- **Desear** algo implica imaginarlo, sentir una ilusión placentera con la posibilidad de obtenerlo, pero sin que exista necesariamente una disposición real o concreta para lograrlo.

«Ojalá tuviera una casa enorme en el campo»; «Me encantaría poder viajar a todos los países del mundo»; «Qué bonito sería cantar en un estadio lleno de gente». Deseamos constantemente cosas que no perseguimos de forma activa, porque disfrutamos la fantasía o el placer anticipado que generan esas imágenes. Desear es humano y, de hecho, múltiples investigaciones han demostrado que el acto mismo de desear y visualizar escenarios agradables tiene beneficios psicológicos, como mejorar el estado de ánimo, incrementar la motivación y fortalecer la creatividad y la esperanza.[9]

- **Querer** algo, por su parte, implica un compromiso real con el hecho de conseguirlo.

  Cuando decimos «quiero esto», estamos manifestando la voluntad de actuar, de enfrentarnos a los desafíos y realizar los esfuerzos necesarios para hacerlo realidad.

  «Quiero aprender inglés»; «Quiero ser capaz de correr una media maratón»; «Quiero dejar de fumar».

  Querer algo de verdad implica acción, decisión y, casi siempre, sacrificio. No es simplemente una fantasía placentera, sino la determinación de actuar y pagar el precio necesario para conseguirlo.

El problema aparece cuando nos frustramos, nos culpamos o nos rechazamos porque no tenemos algo que queremos. Pero en realidad **no** es algo que **queremos**, sino que es únicamente un **deseo**, algo que no estamos realmente dispuestos a conseguir, sumiéndonos en un estado continuo de insatisfacción. Y esto ocurre especialmente en la imagen corporal.

Ejemplo

Italia me parece un país precioso, y me encantaría saber italiano, que también me parece un idioma muy bonito. Así, en mi próximo viaje a Italia, podría relacionarme mejor con los italianos que conozca, y me resultaría más fácil moverme por zonas más rurales donde pueda encontrar personas que no hablen inglés.

¿Desearía saber hablar italiano? Sí, claro. ¿Admiro que otros españoles sepan italiano? También; tengo una amiga que lo habla fluidamente y me encanta ese aspecto de ella.

Pero... **¿quiero** aprender italiano? No, en absoluto. Porque creo que el tiempo y esfuerzo que tendría que dedicarle superaría con creces los beneficios que obtendría. No lo necesito para mi trabajo, no hay nadie en mi vida actual que provenga de Italia con quien podría comunicarme mejor, y con las nuevas aplicaciones para móvil de traducción simultánea podría hacerme entender en casi cualquier sitio. Creo que con saber inglés me es suficiente para mis necesidades y no necesito añadir un tercer idioma a mi currículum para sentirme valioso.

Pues exactamente lo mismo me pasa con, por ejemplo, tener unos abdominales visiblemente definidos. Me encantaría tenerlos —si se me concedieran por arte de magia—, pero en la vida real tendría que cambiar enormemente mi estilo de vida, renunciar a una gran parte de mi tiempo libre para hacer un tipo de ejercicio que detesto, seguir una dieta muy estricta para compensar mi metabolismo y, aun así, en mis circunstancias quizá no fuera posible —por mi trabajo, edad, genética y estado actual— sin someterme a una liposucción o usar fármacos ilegales.

Desearía tener abdominales marcados, pero **quiero** pasar más tiempo libre con mi familia y amigos. Quiero leer y jugar al ajedrez, aunque no queme grasa. Quiero jugar al pádel porque me divierte. Quiero hacer pesas cuando puedo porque me sienta bien, y no machacarme cuando no he podido hacerlas. Quiero comer sano porque es bueno para mí, sin tener que estar obsesionado con las calorías. Quiero palomitas en el cine, y una copa de vino en el restaurante. Quiero todas esas cosas muy por encima de lo que tengan que ofrecerme unos abdominales marcados. Y está muy bien que otras personas los quieran, pero tengo derecho a no quererlos y, por lo tanto, a quererme y aceptarme plenamente a pesar de no tener esos abdominales.

Tú eliges qué te representa

Ahora que ha quedado clara la diferencia, vamos a reflexionar no sobre la persona que desearías ser, sino la que **realmente quieres ser**.

Porque la mayoría de nosotros desearíamos tener una apariencia más atractiva, está claro. Sin embargo, aunque ser más atractivo tiene ciertas ventajas innegables, desde luego no es el elixir mágico de la felicidad, de la misma manera en la que tampoco lo son los otros supuestos factores que nos repite incansablemente esta sociedad, como el dinero, el éxito o la fama.

Piensa por un momento en la cantidad de personas muy atractivas —Kurt Kobain, Angelina Jolie, Selena Gómez, Lady Gaga, Zac Efron, Emma Stone y un largo etcétera— que han pasado por una fuerte depresión a pesar de haber sido deseados mundialmente por su físico y haber podido presumir de todo tipo de éxitos, lujos y placeres. Y luego piensa en esa abuelita humilde y arrugada que canta mientras hace la comida para sus nietos y pasea por la calle con una sonrisa en la cara. ¿Cómo explicamos que personas que aparentemente lo tienen todo puedan sentir que no tienen nada, y personas que tienen muy poco puedan sentir que no necesitan nada más?

No es fácil encontrar la verdadera felicidad —que en mi experiencia personal se parece mucho más a la paz que a la versión eufórica que venden las redes sociales—, pero desde luego es imposible hallarla mientras se siga buscando en los lugares equivocados, y mientras sigamos comparándonos con todos estos supuestos ejemplos de «felicidad» que sencillamente no son reales.

En esta línea, el grandísimo actor Jim Carrey afirmó una vez en un discurso: «A menudo he dicho que ojalá la gente pudiera cumplir todos sus sueños, y tener riqueza y fama, para que pudieran ver que no es ahí donde van a sentirse completos».

Y es que la verdadera felicidad, ese «sentirse completo» al que se refiere el actor estadounidense, reside en vivir según lo que realmente te importa. En actuar siguiendo tus valores personales y esforzarte por ser la persona que realmente quieres ser, y no la que te han inculcado que deberías desear.

Metáfora

Utilizaré por última vez la metáfora de los coches: sabemos que cada tipo de automóvil refleja unos valores distintos, unos objetivos y unas cualidades que destacan por encima de otras, más propias de otros tipos de coches.

Con mi furgoneta, estoy priorizando la capacidad de carga (para poder llevar a mi mujer, mis perros y mis futuros hijos) por encima de otros aspectos como la conducción deportiva o el ahorro.

Pero otras personas tendrán necesidades distintas, y quizá necesiten un coche más pequeñito, que consuma menos y sea más fácil de aparcar en zonas muy concurridas. A otros les vendrá mejor un 4×4 que pueda moverse bien por sus terrenos en el campo o en sus viajes más aventureros.

Y otros, por supuesto, pueden elegir un coche deportivo y muy atractivo, porque el tipo de conducción que ofrecen y las cualidades que les confiere de manera indirecta son más importantes para ellos que las características principales de otros tipos de automóviles. Y eso también está bien.

Pero la pregunta es: ¿qué es realmente lo más importante para ti? Y ¿a qué estás dispuesto a renunciar para conseguirlo?

Por eso es tan importante tener claro qué tipo de persona quieres ser, para que puedas adecuar a ello lo que le exiges a tu imagen. Cuanto menos se requiera una imagen canónica, atractiva o «perfecta» para ser el tipo de persona que realmente quieres ser —recuerda, no hablamos de desear, sino de querer—, más deberías estar dispuesto a aceptar tus imperfecciones y a entender que te definen menos que los atributos personales que sí son un requisito para ese tipo de persona.

Tarea

Vamos a reflexionar un poco sobre tus valores. Ve completando punto por punto, y hasta que no hayas terminado uno, no leas el siguiente, para no influenciar tus respuestas.

1. Escribe rápidamente al menos diez cosas que consideras de verdad importantes en tu vida, por ejemplo: familia, salud, honestidad, creatividad, libertad, amistad, aprendizaje, estabilidad económica, etc. No pienses demasiado, tan solo anota lo primero que te venga a la mente.
2. De esas diez cosas, elige solo cinco que sean absolutamente esenciales para ti, sin las cuales tu vida perdería parte de sentido o satisfacción. Una vez lo tengas, responde a estas preguntas:

   - ¿Qué aspectos no físicos de mí son los que más están relacionados con esas cosas, o los que me permiten poder tenerlas en mi vida?
   - ¿Hay algo que ya haga mi cuerpo actualmente para poder tener o disfrutar de esas cosas?
   - ¿Puedo mantener esos aspectos en mi vida de manera satisfactoria, aunque no modificara en nada mi apariencia?
   - Si cambiara mi cuerpo, cara, etc., ¿mejorarían notablemente esas cosas?

3. Considera tus objetivos —o deseos— actuales relacionados con la imagen corporal, como perder peso, desarrollar músculo, realizar una intervención estética en un área concreta, etc. Reflexiona honestamente sobre ello contestando a estas cuestiones:

   - ¿Perseguir estos objetivos está alineado con mis cinco valores esenciales?
   - ¿Qué tendría que sacrificar, siendo realista, para alcanzar estos objetivos? ¿Estoy dispuesto a hacerlo? ¿Saldría beneficiado con el cambio?
   - ¿Qué consecuencias positivas y negativas tendría enfocarme plenamente en conseguir estos objetivos?

4. Y por último, responde brevemente:

   - ¿Cómo puedo mejorar mi imagen corporal sin comprometer mis valores más importantes?
   - ¿Qué acciones puedo llevar a cabo para lograr un equilibrio saludable entre cuidar mi físico y vivir alineado con mis valores?

El objetivo de este ejercicio es ayudarte a tener una idea más clara sobre cuáles son tus valores fundamentales y cómo tomar decisiones conscientes acerca de tu imagen corporal sin perder de vista lo que realmente importa en tu vida.

Espero que este capítulo te haya acercado un poco más al tipo de persona que de verdad quieres ser. Más adelante lo describiremos al detalle; por ahora, es más que suficiente con que reflexiones honestamente sobre ello.

RESUMEN

La imagen corporal no debe ocupar el centro de la identidad personal ni definir la autoestima, ya que el cuerpo es mucho más que su apariencia: es una herramienta que permite vivir, sentir, disfrutar y conectar con los demás. Adoptar una perspectiva de *neutralidad corporal* implica desplazar el foco de lo estético hacia lo funcional, valorando lo que el cuerpo permite hacer, en lugar de cómo se ve. Muchas veces confundimos deseos estéticos con objetivos reales, lo que genera frustración si no hay un compromiso auténtico para alcanzarlos.

La tarea de este capítulo invita a reflexionar sobre los valores personales y a tomar decisiones conscientes que alineen el cuidado del cuerpo con lo que realmente importa, recordando que sentirse valioso no requiere cumplir con ideales de belleza, sino vivir de acuerdo con aquello que da sentido a la propia vida.

Cuarta parte

Últimos pasos de la reparación. Creando el producto final

14

Buscando ayuda para reunir las últimas piezas que faltan

Como ya hemos repetido muchas veces, el trabajo en autoestima no es fácil. Ya te habrás dado cuenta por ti mismo: tu cerebro es la única herramienta que tienes para cambiar tus creencias, y su función parece ser evitar que ocurra a toda costa. Es muy similar al hecho de que los políticos sean los únicos con poder para decidir si sus salarios son excesivos y reducirlo. Si depende exclusivamente de ellos, es difícil que ocurra, ¿verdad? Pues por eso mismo necesitas toda la ayuda externa que puedas conseguir.

No estás solo en esta lucha; cuentas conmigo, que he volcado en este libro todos mis conocimientos y experiencia sobre la materia. Pero aún podemos conseguir algunos aliados más. Vamos a buscar a otras personas que nos ayuden a rellenar los huecos que faltan, a usar sus ojos para ver esas zonas que, por mucho que lo intentes, no vas a llegar a ver tú solo.

Tarea

Parte 1

Para ello, quiero que identifiques entre tres y cinco personas de tu vida que te conozcan de la manera más acertada posible, y les vamos a pedir que te definan —más adelante te explico cómo—. No tienen que ser necesariamente las personas que te conocen desde hace más tiempo, ya que a veces eso puede jugar en tu contra; los padres o los amigos de toda la vida, a menudo se quedan atascados en la versión que conocieron hace muchos años y les cuesta actualizarla. Puedes elegirlos, por supuesto, pero que tu criterio a la hora de escoger se rija más por exactitud que por antigüedad.

Es importante que sean personas que te aprecian y con las que tengas una relación relativamente buena. Para que alguien te conozca bien tiene que apreciarte y quererte bien, porque una persona que te trate mal de manera más o menos regular, o quien pueda beneficiarse de tu malestar —como un compañero de trabajo que te suele cargar a ti con los problemas—, por mucho que afirme conocerte, lo más probable es que se haya hecho su propia idea de ti para justificar cómo te trata.

Adelantándome a la resistencia, imagino que en este punto puedes estar pensando algo como: «Claro, si elijo a personas que me aprecian y me tratan bien, solo van a decir cosas buenas de mí, porque me quieren y no me querrán hacer daño».

Pero piénsalo por un momento: si esas personas te aprecian y te tratan bien, quizá es por algo, ¿no? Quizá es porque ven aspectos positivos en ti que superan a los negativos. Porque, en la vida adulta, muy pocas relaciones se mantienen consistentemente por lástima o por caridad. La mayoría de los adultos elegimos de qué personas nos rodeamos, en quién confiamos y con quién intentamos pasar nuestro tiempo. Así que tal vez las cosas que tengan que decir sobre ti tengan más peso del que tú sueles atribuirle.

Y el último consejo es que intentes buscar a personas lo más dispersas posible entre sí. Si puedes evitarlo, no elijas a tres amigos del mismo grupo. Elige a quien mejor creas que te conoce de esos tres, y luego a alguien del trabajo y del gimnasio, por ejemplo. Cuanta más diversidad de origen haya en estas personas, más completa será la visión que tengan en conjunto sobre ti, y más convincente será si coinciden en los mismos aspectos.

Una vez las tengas elegidas, quiero que les propongas lo siguiente (o algo parecido):

> Estoy haciendo algo de trabajo personal que creo que me va a beneficiar mucho, y uno de los ejercicios requiere que me definan varias personas que creo que me conocen bien, así que he pensado en ti. Si me quieres ayudar, tendrías que elaborar un listado con todas las cosas buenas, y otro con las malas, que se te ocurran sobre mí que puedan servir para describirme como persona; cuantas más, mejor. En estos listados también se incluye la apariencia física. Por último, necesito que escribas otro listado con todo lo que creas que he hecho bien o que he logrado en mi vida, y otro con las cosas que he hecho mal o en las que he fracasado.
>
> Es MUY importante que seas cien por cien sincero/a. Si dices cosas buenas que realmente no piensas, o evitas poner alguna mala para no hacerme daño, el ejercicio no servirá de nada, así que te pido, por favor, que contestes con la mayor

honestidad posible; te prometo no juzgarte por lo que escribas ni molestarme en lo más mínimo contigo. Es más, estaré muy agradecido por tu ayuda.

Mi consejo es que lo hagas a través de un mensaje porque puede que te dé menos reparo o vergüenza, pero, por supuesto, eres libre de comunicarlo en persona. También es tu decisión hasta qué punto quieres explicar para qué es el ejercicio. Aquí te dejo una versión intermedia, pero puedes decirles directamente que estás trabajando con un libro escrito por un psicólogo para reparar tu autoestima. O que es sencillamente una tendencia que has visto en redes y te hace ilusión, tú decides. Lo que sí es cierto es que cuanto más importante entiendan que es para ti, más en serio se lo tomarán y, por lo tanto, es probable que mejor sea el resultado.

Pídeles que te lo manden por escrito cuando lo tengan, intentando, a ser posible, no tardar más de unos días. Y, si eres capaz, no los mires hasta que no los tengas todos o hasta que, al menos, hayas leído la parte 2 de esta tarea.

Parte 2

Antes de empezar, es importante aclarar que lo que vas a encontrar en cada listado es el punto de vista de una persona, también sujeto a sus propias creencias, prejuicios, limitaciones y compatibilidad específica contigo. En mi experiencia, las personas a veces expresan ciertos aspectos que se dan en esa relación exclusivamente, porque es algo con lo que no son compatibles o que puede parecer malo para ellas por su propia forma de ser. Por ejemplo, una persona excesivamente rígida podría percibirte como «demasiado flexible o despreocupado», a pesar de que en realidad te encuentres en un punto moderado o promedio en esa área.

Por este motivo, una vez tengas todos los listados, lo primero que deberías hacer es buscar todos los elementos que se repiten al menos dos veces, ya que, si lo perciben dos personas distintas de dos entornos distintos, es más probable que pueda ser cierto. Si dos aspectos son muy parecidos —por ejemplo, «cariñoso» y «dulce» o «risueño» y «alegre»—, cuenta como si fueran lo mismo y, por lo tanto, estaría repetido. Quédate con la palabra que mejor creas que te define de las dos, o con las dos si coincides en que puede ser cierto. Aun así, si algún aspecto no se repite, pero crees que realmente es muy apropiado, también lo puedes utilizar. Cuidado con los negativos, como ya he aclarado antes.

Haz una lista que reúna todos los aspectos, éxitos o fracasos que se hayan repetido al menos dos veces, y luego los revisaremos uno a uno de la siguiente manera:

Aspectos positivos:

- Si ya estaba en tu lista, párate un momento a valorar que es algo que se percibe desde fuera, por lo que deberías reafirmarte en que, efectivamente, estaba bien puesto por tu parte.
- Si no estaba en tu lista, reflexiona sobre por qué crees que no estaba:
    - ✓ ¿Es posible que no estuviera porque creías que no era suficientemente bueno o importante? Claramente es importante para estas personas, porque lo han usado para definirte.

✓ ¿Porque conoces a personas que destacan más en ello que tú y, por lo tanto, no eres digno de poder usarlo para describirte? Esto ya lo hemos hablado en el capítulo de las comparaciones; tú también puedes definirte así independientemente de las personas de tu entorno cercano o de los mejores en esa área.

- ¿Porque crees que no te corresponde, ya que, a veces, no eres o actúas así? A veces, pensamos en que los atributos son estables y deberían ocurrir siempre para ser válidos. Pero, en ocasiones, las personas puntuales también llegan tarde. Las personas alegres también están tristes a veces. La cuestión es si las veces en las que se da este aspecto positivo ganan con diferencia a las que no. Olvídate de intentar ser ese extremo de la campana de Gauss, perfecto e infalible.

  ✓ Si crees que has podido caer en alguno de estos errores y que estas personas pueden tener al menos parte de razón, añádelo a tu lista.

Aspectos negativos:

- Si ya estaba en tu lista, añádele el número dentro de las cinco posibles categorías que usamos para ordenarlos. Te recuerdo aquí cuáles eran:

RECORDATORIO

1. **Esto nunca fue cierto**, pero te hicieron ver que lo era, y llevas cargando ese peso desde entonces.

2. **Esto fue cierto** —en su totalidad o quizá solo un poco— en tu juventud, pero hace tiempo que ya no es cierto.
3. **Esto es cierto, pero puede ser cambiado.**
4. **Esto es cierto y no puede —o no tiene por qué— ser cambiado**, pero sí podemos modificar cómo te relacionas con este aspecto para que puedas aceptarlo e integrarlo como una parte de tu ser sin que te haga daño o te reste valor.
5. **Esto no es un aspecto negativo**, simplemente no es tan positivo como te han hecho creer que debería ser.

Ahora que ya los tienes todos o casi todos marcados, voy a jugar a ser adivino. Contando únicamente los de esta tarea —es decir, sin mirar tu propio listado—, el número que más se repite es el tres, luego el cuatro, y del resto de números casi ni hay. ¿He acertado? ☺

Si hay un buen número de unos y doses, es probable que le hayas preguntado a personas que te conocen desde hace mucho tiempo y, como ya te comenté, sigan ancladas en esa visión arcaica de ti que, o es la que incorrectamente se crearon sobre ti, o que hace mucho que no existe. Y si hay un buen número de cincos, quizá tu entorno es muy exigente, lo cual suele ocurrir sobre todo en entornos artísticos o de alto nivel (académico, profesional o deportivo), y no deberíamos sentirnos mal por no estar a la altura de listones excesivamente altos.

Pero, como casi todas las veces acierto en esto, vamos a asumir que en su mayoría son treses y cuatros. Y esto es una

BUENÍSIMA noticia. Porque eso significa que muchos de tus aspectos negativos o pueden ser cambiados —y muchos cambiarán por sí solos cuando lo haga tu autoestima— o puedes cambiar cómo te relacionas con ellos —y de nuevo, esto también cambiará cuando lo haga tu autoestima—. Por lo tanto, cuando acabes el proceso, muchos de estos aspectos dejarán de existir o de contar como negativos, y esto es algo maravilloso. Sé que suena demasiado bonito para ser verdad, por eso voy a compartir contigo algo cien por cien real de mi historia, que, por supuesto, en su momento yo tampoco creí que pudiera ocurrir.

Ejemplo

Cuando yo era una persona bastante insegura, antes de reparar mi autoestima, tenía algunos defectos que eran producto de mi inseguridad. Uno de ellos es que era excesivamente complaciente, ya que creía que tenía que «darlo todo» para que alguien me pudiera querer. Las personas de mi entorno lo veían, y me hacían saber que era demasiado servicial y que intentaba siempre cuidar de todo el mundo, olvidándome de mis necesidades. Esto entraba en la tercera categoría —puede ser cambiado— y, cuando por fin pude confiar en mí mismo y en mi valor, dejé de ser excesivamente complaciente. Esto ocurrió de manera natural a medida que iba abandonando mi inseguridad y mis miedos, sin tener que «trabajar» en ello directamente.

Otro aspecto que despreciaba muchísimo de mí era mi falta de habilidades sociales en grupo. Fuese donde fuese, en el instituto, en la universidad, en el trabajo, de fiesta, veía cómo todos parecían desenvolverse de manera natural en los grupos, mientras yo me sentía torpe, veía que se me interrumpía con facilidad o que a veces acababa pecando de querer hablar en exceso. Siempre regresaba a casa frustrado, sintiéndome invisible y rechazado, revisando todo lo que había hecho mal y comparándome con los que parecían brillar y desenvolverse bien de forma natural.

Aunque he mejorado con los años, lo cierto es que, a día de hoy, ese aspecto seguiría encajando en la cuarta categoría —es cierto y no puede o no tiene por qué ser cambiado—. Pero ya no lo considero un aspecto negativo, ni me parece que me reste valor. No me he convertido en el alma de la fiesta, pero he entendido que no tengo por qué serlo. Ahora valoro mi forma de estar, más callada, más atenta, más pausada. Hablo cuando siento que tengo algo que decir, y disfruto también de escuchar. Hace tiempo que dejé de exigirme brillar y eso ha hecho que me sienta más presente e integrado. No era cuestión de aprender a destacar en el grupo, sino de dejar de rechazarme por no hacerlo. Mis habilidades sociales en grupo no han cambiado tanto, pero mi relación con ellas sí. Y eso ha marcado una diferencia enorme.

Por último, si algún aspecto negativo de los que estaban repetidos no aparece en tu lista, reflexiona sobre si es algo generalizable que se te había pasado por algo, y valora si añadirlo a tu listado original.

Resumen de la tarea

Tu cerebro suele oponer resistencia al cambio, así que para completar el trabajo de autoestima necesitas aliados externos. El ejercicio consiste en pedir a entre tres y cinco personas que te conozcan bien y te aprecien que te definan con total honestidad: cualidades, defectos, logros y fracasos. Una vez que tengas sus respuestas, identifica los elementos que se repiten, ya que son los más fiables. Los aspectos positivos que se repitan deberías incorporarlos a tu autoconcepto, incluso si antes no los veías. Los negativos deben analizarse con las categorías trabajadas con anterioridad, para ver si pueden cambiarse o simplemente necesitan ser aceptados. Así conseguirás una imagen más completa, justa y realista de ti, reforzando tu nueva autoestima con información que proviene de distintos ángulos.

15

Construyendo al detalle tu nuevo autoconcepto

Llegados a este punto, hemos modificado numerosas partes de tu autoconcepto. Muchas de las tareas anteriores tenían como propósito modificar y corregir tus listados originales de aspectos positivos y negativos. Si no los has actualizado aún —y si lo has hecho tampoco viene mal un último repaso—, revisa de nuevo las tareas completadas y realiza los cambios con toda la información que hemos ido descubriendo, independientemente de que en este punto lo sientas como verdadero o no (ya falta poco para eso).

Tacha los aspectos negativos que sobran, añade los aspectos positivos que no estaban y corrige aquellos que estaban distorsionados, incorrectos, incompletos o mal valorados para que encajen mejor con todo lo que has trabajado y aprendido en capítulos anteriores.

Ahora que tenemos todas las partes finales, toca darles forma. Los nuevos listados están muy bien como fuente de información fiable y actualizada, pero son difíciles de integrar en el día a día. Por eso vamos a construir algo con ellos: descripciones detalladas que dibujen tus roles principales en la vida, para que más adelante puedas llevarlas por bandera e interpretarlas hasta que las sientas auténticas.

Como ya vimos en el capítulo de las comparaciones, para compararnos correctamente —y no es posible definirnos sin un marco en el que compararnos— tenemos que saber bien a qué muestra pertenecemos. Y quiero que tengas esto muy presente en la tarea que vamos a realizar en este capítulo, para que te centres menos en lo que te falta para ser el ser humano perfecto e idílico que todos sueñan con ser —como en el ejemplo del Ferrari—, y te centres más en el tipo de persona, de pareja, de amigo, de trabajador, de padre, etc., que eres en concreto. Enfócate en lo que tienes para ofrecer dentro de esa categoría a la que perteneces, pues seguro que no es la mejor para todas las situaciones y personas, aunque puede ser maravillosa para algunas. Y con eso debería bastar.

Tarea

Te propongo en esta ocasión definir los tres roles más habituales que suelen tener las personas: tu versión académica/profesional, tu versión pareja y tu versión social, es decir, la persona que eres en general y que se relaciona con la mayoría de la gente. Si crees que hay algún rol más relevante en tu vida, que puedes cambiarlo o añadirlo sin problema. Tres es el mínimo, pero si quieres hacer más, ¡estupendo! Suele añadirse algún rol familiar, alguno que cumplas en una afición o el que tengas en alguna comunidad a la que pertenezcas.

Para ello vamos a utilizar uno de mis ejercicios favoritos: escribir anuncios —ficticios y que no vas a enseñar a nadie, por supuesto— como los de las páginas de compraventa de artículos de segunda mano, donde ofrecerías cada uno de esos tres roles. ¿Que por qué me gusta tanto esta actividad? Porque creo que el resultado es exactamente como deberíamos vernos a nosotros mismos y como deberíamos presentarnos al mundo. Me explico:

- Si has comprado o vendido algo de segunda mano por internet, sabrás perfectamente que **cuanta más información se dé, mejor**. Siguiendo el ejemplo de los coches, es mucho más probable que se compre un automóvil cuyo anuncio tiene dieciséis fotos, dos vídeos y todos los detalles posibles de su estado y su mantenimiento que uno con una foto y que solo diga de qué año es. De la misma manera, cuanto más conozcas sobre ti, mejor podrás usar tus atributos, mejor te mostrarás al mundo y, por lo tanto, más interesados estarán en «comprarte». Y sí, suena feo lo de que te «compren», es solo una metáfora, pero ¿no queremos todos ser lo mejor profesionalmente, en pareja y como persona, que podamos ser, y que nuestro entorno así lo perciba? Seamos conscientes o no, todos ofrecemos algo al mundo y queremos que este lo aprecie como es debido.
- **La información tiene que ser honesta**. Si intentas vender un coche que tiene un gran arañazo en un lateral, y publicas un anuncio donde solo se ve el lado sin arañar, podrás atraer a más posibles compradores. Pero en cuanto vengan a verlo y descubran el arañazo, probablemente se sientan engañados y se vayan. Por eso es importante la honestidad.

En este caso, si muestras el coche por completo, puede que haya menos gente interesada porque no quieran un coche con un arañazo. Pero quien venga a verlo, aun sabiendo que está arañado, será porque o no le importa o le compensan las otras cualidades del coche, a pesar de ese defecto. Lo mismo pasa con nuestros aspectos negativos: a veces nos empeñamos en hacer todo lo posible por ocultarlos, creyendo que nadie estaría interesado si supiera de su existencia, y nos cuesta ver que nuestros aspectos positivos pueden compensar con creces a los negativos.

Tampoco tiene sentido ocultar lo positivo en un anuncio. Si el coche que vendes cuenta con un equipo de sonido de alta gama, ¿te daría vergüenza decir que tiene ese extra? ¿O lo mencionarías, consciente de que añade más valor? Pues lo mismo con tus aspectos positivos. Entiendo que dé vergüenza decir en voz alta que eres inteligente, que tienes los ojos bonitos o que hablas muy bien inglés..., pero, recuerda: nadie va a leer esto, así que no te dejes nada.

- **Tiene que existir una intención de venta**. Los expertos en *marketing* saben muy bien que no venden tanto las cifras o las características del producto en sí, sino lo que puedes hacer con él. Un gran ejemplo es la publicidad de las cámaras GoPro, esas cámaras pequeñitas que se usan para grabar deportes de riesgo, entre otras cosas. En sus anuncios verás que no hablan de megapíxeles, ni por supuesto piden perdón por tener menos calidad que una cámara réflex profesional.

  Porque su objetivo no es ser la mejor cámara del mercado para todo, sino la mejor cámara para «llevar puesta» en actividades deportivas. Así que se centran en mostrar cómo con ella te puedes grabar haciendo surf, saltando en paracaídas o haciendo puenting.

Pues lo mismo pasa con nosotros: no somos solo un listado de características, somos todo lo que podemos ofrecer gracias a ellas, y eso es lo que tenemos que vender. A los demás y, sobre todo, a nosotros mismos.

Como este ejercicio es muy importante, voy a ser especialmente pesado con los ejemplos porque quiero que lo entiendas muy bien. Vamos primero a reunir estos tres puntos en un ejemplo breve y muy sencillo.

Ejemplo

Imagina que queremos vender un coche. Es un coche pequeñito y modesto para conducir en ciudad, que ya tiene unos años, sin demasiados kilómetros recorridos. Presenta algunos desperfectos en el parachoques delantero, producto de aparcar en sitios estrechos. El anuncio que podríamos hacer para este coche podría ser algo así:

> Se vende coche marca X modelo Y, ideal para desplazamientos en ciudad. Mide solo 3,5 metros de largo, por lo que es muy fácil de aparcar en cualquier lado. Tiene un consumo de apenas 4,5 litros a los cien kilómetros, así que se nota mucho el ahorro en gasolina a final de mes. En las fotos se pueden apreciar algunos desperfectos en el parachoques delantero, pero el resto de la pintura está en muy buen estado, ya que suele estar aparcado en garaje, y la tapicería se limpió profesionalmente hace poco y está como nueva. No tiene pantalla multimedia, pero viene con

las conexiones para poder acoplarle una si se la quieres comprar. Tiene todas sus revisiones al día y nunca ha tendo un choque, por lo que puedes confiar en que funciona a la perfección.

Es una descripción **detallada**, **honesta** (sin exagerar los aspectos positivos ni ocultar los negativos) y con una clara **intención de venta** para un **público en concreto** —personas con un presupuesto ajustado que vivan o trabajen en zonas de difícil aparcamiento—, en lugar de intentar ser ideal para todo el mundo.

Pues ahora vamos con los tuyos, te los recuerdo. Te animo a hacerlos en este orden, ya que están ordenados de más fácil a más difícil:

- **Se ofrece** estudiante de X / tu profesión actual / la profesión a la que aspiras. Elige la que más cuadre con tu situación actual.
- **Se ofrece** persona humana. Aquí es donde entra tu rol como persona, empezando por cómo eres tú en general, en soledad, y acabando por cómo eres con las personas con las que más auténtico puedes ser. Lo que podríamos llamar tu verdadera esencia.
- **Se ofrece** pareja. Válido tanto si tienes pareja actualmente como si es algo que quisieras tener, ahora o a largo plazo. Si no quieres tener pareja en absoluto, siempre puedes adaptarlo con amante, compañero ocasional o como quieras definirlo. Y si no tienes intención de invo-

lucrarte jamás en este sentido con otra persona, siempre puedes elegir otro rol de otra categoría.

Esta tarea es una de las más importantes de todo el proceso, así que quiero que te pares a hacerla con detenimiento. No hay prisa; no importa si tardas días o semanas. Lo ideal es que te bases en todos los listados actuales, que reflexiones sobre lo que han dicho de ti otras personas, sobre tus éxitos, todo. Tampoco hace falta que escribas diez páginas por cada uno, no nos vayamos al extremo; pero, en general, cuanto más detallado y completo sea cada «anuncio», mejor. Y te recuerdo: no pasa nada si te parece exagerado, demasiado positivo, arrogante, falso o inmerecido. Mientras esté basado en toda la información que hemos obtenido en el proceso, estará bien, créeme.

No pases al siguiente capítulo hasta que no esté hecha esta tarea. Ánimo, ¡que la cosa se pone interesante a partir de ahora!

RESUMEN DE LA TAREA

Ha llegado el momento de construir tu nuevo autoconcepto con todo lo que has trabajado hasta ahora. Revisa tus listados, elimina los aspectos negativos que ya no encajan, corrige los distorsionados y añade los positivos que habías pasado por alto. A partir de ahí, crea descripciones detalladas de tus principales roles (profesional, pareja, social), como si fueran anuncios de segunda mano: honestos, completos y con intención de «venta». No se trata solo de enumerar cualidades, sino de mostrar lo que puedes aportar gracias a ellas. Este ejercicio te ayudará a integrar de forma realista y valiosa la imagen de quién eres y qué tienes para ofrecer.

Quinta parte

Llevando a la práctica tu nueva autoestima. Creando tu «nueva normalidad»

16

Interpretando a tu nuevo (y verdadero) «yo»

Ahora que tenemos una descripción mucho más acertada, justa y actualizada de quién y cómo eres en los principales roles de tu vida, el objetivo de esta quinta parte del libro es que aprendas a actuar como si fueras esa persona.[10]

La realidad es que hace mucho que ya eres esa persona, pero llevas tantos años creyendo que eras esa otra versión, y «recopilando pruebas» para confirmarlo, que aún te cuesta creer que esos anuncios que elaboraste en el capítulo anterior realmente hablen de ti. Es normal, suena demasiado bonito para ser verdad. Pero te aseguro que lo es. Así que te voy a dar el último argumento para allanar el terreno y que así te sea un poco más fácil tirarte a la piscina.

Las mejores personas que conozco han tenido problemas de autoestima

A veces digo, un poco de broma, pero un poco en serio, que solo hay dos tipos de personas en el mundo: los que tienen menos autoestima de la que deberían, y los que tienen de más.

Estoy seguro de que has conocido a alguien de esta última categoría, ¿verdad? Personas que están convencidísimas de que son atractivas, graciosas, hábiles y, en general, mejores que la mayoría. Se sienten capaces de todo, y cuando no consiguen algo, la culpa siempre es de la situación, de la mala suerte, de que las otras personas son malas o de que les tienen envidia. ¿Te suena?

Uno lo ve desde fuera y piensa: «Madre mía, ojalá tuviera yo esa confianza en mí mismo». Resulta increíble que puedan tenerse en tan alta estima, cuando puede costar encontrar los motivos para que se sientan así, ya que realmente nadie cree que sean tan atractivos, talentosos o queridos como ellos mismos perciben. Y es normal que cueste encontrar esos motivos, porque se basan en sus experiencias entre los siete y los catorce años, como ya explicamos al principio. Si mientras crecían para su entorno cercano siempre eran los mejores, los más guapos, los más listos, los más divertidos... independientemente de cómo se comportaran, de las notas que sacaran o de las habilidades reales que demostraran, acabaron aprendiendo que son excepcionales y punto. No necesitan motivos ni pruebas para seguir creyéndolo toda la vida, y difícilmente aceptarán argumentos que contradigan esa «verdad». Si hacen algo bien, es una muestra de que son los mejores, y si hacen algo mal, tiene que ser culpa de algo externo, por supuesto.

Pues lo más probable es que si estás leyendo este libro, tu caso sea justo el contrario. Estarás convencido —porque te convencieron en su momento— de que no eres tan atractivo, tan gracioso, tan hábil, y que, en general, eres peor que la mayoría. Y da igual que tengas acumulados logros a lo largo de tu vida que nieguen esas afirmaciones, o que en la actualidad haya personas en tu vida que crean que eres mucho mejor de lo que crees. Tú tampoco necesitas nuevos motivos para seguir creyendo que eres esa versión «insuficiente», y te es difícil aceptar argumentos que contradigan esa «realidad».

Pero aquí viene lo bueno. Existe una investigación que demuestra que quien ha crecido creyendo que es excepcional tiende a esforzarse mucho menos en mejorar: se rinde antes frente a las dificultades y los retos, desarrolla menos habilidades nuevas, y se cuida menos física y psicológicamente.[11] Y tiene sentido: si ya son excepcionales por el simple hecho de ser ellos, ¿para qué esforzarse en mejorar?

Por el contrario, muchas de las personas que crecen sin validación emocional suficiente desarrollan una fuerte tendencia a esforzarse y a buscar constantemente su mejora personal. Aunque es cierto que a menudo se hace desde la inseguridad o la necesidad de conseguir «estar a la altura», el resultado es innegable: si alguien lleva toda la vida esforzándose en ser mejor en muchos aspectos, es lógico que consiga destacar sobre el resto de las personas que sencillamente han podido «relajarse» sin tener que esforzarse tanto.

Por eso digo siempre que las mejores personas que conozco han tenido —o siguen teniendo— problemas de autoestima. Porque, precisamente por eso, son personas que se han esforzado mucho, por ejemplo, en ser buenas personas y tratar bien a los demás; en cuidar de sus relaciones; en aprender mucho sobre diversas áreas; en agradecer lo que otras personas dan por sentado; en trabajar en sus carencias. Y sí, sé que a veces los problemas de autoestima pueden llevar a alguien por «el mal camino» —como el chico que hace *bullying* en el instituto para hacerse respetar y así compensar su gran inseguridad—, pero, honestamente, no son el tipo de persona que acaba con un libro como este entre las manos. Así que puedo afirmar con bastante seguridad que te pareces mucho más a esas grandes personas que mencionaba antes.

Todo esto para decirte que no debería extrañarte tanto ser una persona que tiene todas esas cosas buenas y que puede aportar tanto a los demás; probablemente llevas toda la vida intentándolo, y en algún momento tenía que dar resultado, ¿no crees?

Y si no he conseguido convencerte en lo que llevamos de libro, con lo pesado que he sido, solo me queda una opción: retarte a que me demuestres que me equivoco.

Te reto a que sigas haciendo todo lo que dice este libro. A que lo pongas en práctica, y que compruebes por ti mismo si los hechos demuestran que esta nueva versión que estás interpretando es cierta o no. A día de hoy, de los cientos de personas con las que he trabajado la autoestima en terapia, **ni una sola** ha conseguido demostrar que su versión inicial era la correcta. Eso sí, por el camino casi todos estaban convencidos de que serían el primero con el que no funcionaría todo esto. Así que tanto si aceptas que formas parte de ese 99,9 por ciento que no se lo creía al principio, pero que acaba creyéndoselo, como si crees que eres ese 0,1 por ciento que no se lo creerá nunca, es momento de actuar.

Fíngelo hasta que lo consigas

Hay una frase que usan mucho los anglosajones: *Fake it till you make it*, que se traduciría algo así como «fíngelo hasta que lo consigas». Y eso es lo que vamos a tener que hacer ahora. Vas a tener que fingir que eres esa persona, ese profesional, esa pareja (o potencial pareja), ese amigo, etc., que hemos «anunciado» antes. Vas a interpretar ese papel como si ya estuvieras plenamente convencido de que es cierto, hasta que, poco a poco, la vida te demuestre que, efectivamente, lo es.

Para ello, primero quiero que vuelvas a leer esos anuncios, y al final de cada uno de ellos te preguntes lo siguiente. «Si estuviera cien por cien convencido de que soy exactamente como dice aquí...

- ¿hay algo que no hago actualmente que tendría sentido empezar a hacer?».
- ¿hay algo que hago actualmente que ya no tendría sentido seguir haciendo?».
- ¿qué cambios tendría que hacer en mis comportamientos, actitudes, decisiones, objetivos, etc., para que sean más acordes a esta descripción?».

O si te ayuda a verlo desde fuera: «Si conociera a una persona en mi misma situación, pero que fuera exactamente como se describe en el anuncio, ¿qué le recomendaría que hiciera?».

Gran parte de tu vida actual está limitada y moldeada por tu autoestima previa. Haces lo que crees que eres capaz de hacer y no haces lo que crees que no eres capaz de hacer. Te comportas con la gente que te rodea convencido de que te perciben como tú llevas percibiéndote todos estos años. Te conformas con lo que crees merecer y permites lo negativo que crees merecer.

Pero si realmente fueras como se describe al detalle en esos anuncios, ya no tendría sentido seguir viviendo así. De la misma manera en que si de repente heredaras diez millones de euros, probablemente no tendría sentido seguir viviendo donde vives o conduciendo el coche que conduces, ¿no crees?

Ejemplo

Como ya hemos visto anteriormente, en mi juventud yo estaba convencido de que era poco inteligente y, por lo tanto, me sentía incapaz de tener éxito académico. Creía de verdad que nunca sería capaz de sacarme el título de la ESO, y ya ni hablemos del bachillerato.

Así que actuaba según estas creencias: no prestaba atención en clase, ni estudiaba, ni hacía las tareas porque creía que no aprobaría jamás. Y luego no aprobaba, pues no había hecho nada en todo el curso, lo cual me «demostraba» que era poco inteligente porque mis notas eran bajísimas. Una profecía autocumplida de manual. El bucle de siempre.

Unos años más adelante, con la ESO aprobada, pero dos primeros de bachillerato suspensos a mis espaldas, empecé a darme cuenta de que quizá no era tan tonto como yo creía. Fuera del instituto me hicieron ver algunas de mis virtudes y cómo, con mi forma de actuar, solo conseguía reforzar mis viejas creencias.

Así que un día me pregunté: ¿qué es lo que haría si creyera de verdad que tengo, al menos, una inteligencia promedio? Y llegué a la única conclusión posible para mí: esforzarme de verdad para intentar aprobar y poder cumplir mi gran sueño: estudiar psicología.

Por tanto, aunque torpemente al principio, empecé a actuar como lo haría una persona suficientemente inteligente como para aprobar. Me apunté a bachillerato de adultos, y por primera vez en mi vida, lo intenté de verdad.

Empecé a ir a todas las clases. Comencé a prestar atención. A preguntar las dudas. A hacer las tareas. A estudiar con antelación para los exámenes. Y me costó muchísimo, porque no tenía hábito de estudio en absoluto, porque no estaba acostumbrado a hacer ese tipo de esfuerzos, y porque tenía grandes carencias de todos los cursos anteriores que había aprobado por los pelos.

Pero, por primera vez en mi vida, me permití poner a prueba mi valía en lugar de seguir asumiendo que era incapaz de lograr nada, porque es lo que me habían hecho creer. No fue fácil, pero lo conseguí.

Eso me animó a seguir, así que no me quedé ahí: si realmente tuviera una inteligencia media, debería ser capaz de aprobar selectividad, ¿no? De modo que estudié con todo lo que tenía, y la aprobé. Llegados a ese punto, me dije que si «la gente normal» podía aprobar la carrera de Psicología en cinco años, aunque yo necesitara siete, también era posible licenciarme. Había pasado de creerme «muy tonto» a creerme «más torpe que el resto, pero con esfuerzo y más tiempo lo puedo conseguir». Desde luego era un gran paso, aunque me quedara mucho camino por recorrer.

Imaginaos mi sorpresa cuando empezaron a llegar las matrículas de honor desde primero de carrera, las invitaciones de los profesores para investigar con ellos y las peticiones de muchas compañeras para estudiar o hacer trabajos conmigo. Cuando en tercero seguía obteniendo matrículas de honor por doquier, me tuve que rendir ante la evidencia: resultaba que tenía unas buenas capacidades, y que esto se me daba muy bien.

Y así con todo. De joven el único requisito que le pedía a las chicas para estar conmigo era que se rebajaran a estar con alguien que valía tan poco como yo. Y así me iba. Intentaba hacer funcionar relaciones con chicas que no eran nada compatibles conmigo y luego me culpaba por no valer lo suficiente cuando salía mal. Otro bucle infinito.

De tal modo que, tras conseguir reparar mi autoestima lo suficiente, me pregunté qué debería hacer si realmente tenía cosas valiosas que ofrecer en una relación. Y llegué a la conclusión de que debería atreverme a intentar estar con alguien que tuviera cosas similares que ofrecer.

Reconozco que me costó, y fui progresivamente «subiendo el listón», hasta que un día conocí a la chica más increíble que había conocido jamás y fingí con todo mi ser —y todos mis nervios— que merecía a una persona así. Y si no, me dije, al menos merecía la pena intentarlo. Esa persona es actualmente mi mujer, con la que llevo ya doce años de felicidad compartida, y jamás hubiera creído posible que alguien como ella quisiera compartir la vida conmigo. Ahora ya no tengo que fingir, ahora ya sé que es verdad. Pero primero tuve que aparentar que podía conseguirlo, para comprobar si realmente podía.

Soy el vivo ejemplo de que se puede tener una autoestima absolutamente destruida y creer que eres un ser despreciable, estar profundamente equivocado durante toda la vida y, con el tiempo, aprender a quererte de verdad, a valorarte, y a tener relaciones sanas. Con los demás y, sobre todo, con uno mismo.

Esta es mi historia, pero he tenido la suerte de presenciar cientos de historias similares, donde sus protagonistas acababan consiguiendo cosas que creyeron imposibles toda su vida. Puede que un día tu historia sirva para inspirar y motivar a quienes tengan que atreverse a recorrer este camino.

Yo mismo tuve que ir atreviéndome poco a poco, así que jamás te pediría que lo hicieras todo «de golpe». Te voy a enseñar cómo programar tú mismo un entrenamiento en esto de fingir tu nuevo yo, yendo de menos a más, para que el camino sea lo más suave posible.

Tarea

Como la explicación va a ser algo complicada, te dejaré un ejemplo detallado al final, así que no te agobies si la primera vez que lo leas no lo entiendes bien.

Quiero que anotes varios cambios que tendría sentido hacer, producto de las preguntas anteriores en las que reflexionaste sobre ello. Puedes tomártelo como objetivos o metas a medio o largo plazo.

Una vez los tengas, haz una lluvia de ideas en la que enumeres diferentes acciones que podrías llevar a cabo para acercarte a cada objetivo. Escribe todas las que se te ocurran, aunque algunas te parezcan muy difíciles o arriesgadas en este momento: cuantas más, mejor. Puedes incluso pedir ayuda a las personas que creas que más te aprecian y confían en ti, y pedirles sugerencias sobre qué deberías hacer —o dejar de hacer— si confiaras más en tus capacidades. Evidentemente, no tienes que aceptar todas las sugerencias, pero puede ser una buena fuente de información.

Cuando las tengas todas apuntadas, ordénalas de fácil a difícil —o de más probable a menos probable que te atrevas a hacerlo—, y califícalas del 1 a X (siendo X el número total de acciones), donde la 1 sería la más fácil.

Por lo tanto, para pasar a la acción es «obligatorio» que intentes llevar a cabo, en un plazo breve —una semana, por ejemplo—, las acciones del nivel 1. Antes de hacerlo, te animo a que releas el anuncio de la categoría correspondiente para animarte y reafirmarte en tu decisión y que, además, tengas más claro cómo deberías actuar.

De manera instintiva, tus expectativas sobre cómo será llevar a cabo esa acción están aún, en gran medida, basadas en tu autoestima previa. Por eso es muy importante hacer todo lo posible por ignorarlas —recuerda, son erróneas al basarse en una autoestima errónea— y así poder ver en qué se equivocaban una vez lo hayas hecho. Ser consciente de cómo tu antiguo yo esperaba que saldría, y la diferencia con cómo ha salido en realidad, te ayudará a reforzar el cambio y ganar confianza en la nueva dirección que estás tomando. Como habrás podido comprobar, yo no puedo convencerte para que cambies tus creencias, **solo tú puedes convencerte a través de tu propia experiencia**. Por eso es tan importante esta parte.

Si alguna acción de este nivel 1 es repetible, quiero que intentes realizarla más veces. Piensa en estas acciones como si se tratara de levantar pesas: hacerlo un día es un gran paso, pero necesitarás hacerlo más veces para ver resultados.

Una vez haya pasado ese periodo de tiempo, ya sea una semana o el que hayas necesitado, si la mayoría de las acciones han salido al menos razonablemente bien —y con la mayoría me refiero a que sean más las que sí que las que no—, significa que vas por el buen camino, y hay que avanzar. Así que para la siguiente semana —u otro plazo de tiempo que elijas— deberías seguir haciendo el nivel 1 y empezar con el nivel 2. Y si la mayoría va bien, luego pasarás a hacer el 2 y el 3. Y luego el 3 y el 4, y así hasta el final.

Si algunas de las acciones de niveles «ya superados» te siguen apeteciendo hacerlas o consideras que es beneficioso que lo hagas, por supuesto que puedes: cuanto más interpretes tu nuevo yo, ¡mejor! Esta guía simplemente marca los pasos «obligatorios» para avanzar.

Y si en algún momento ves que un nivel te cuesta mucho, ya sea porque no eres capaz de atreverte a llevarlo a cabo, porque consideras que el resultado está mal o porque no te está dando lo que sería razonable esperar de ello, sigue un poco más de tiempo con los niveles anteriores en ese objetivo, mientras sigues avanzando con el resto. Si te sigue costando, plantéate subirle el nivel de dificultad a esa acción, e intenta buscar otras que puedan resultar más fáciles o asequibles, ya que quizá has infravalorado la dificultad de esa acción en concreto.

Por último, si tienes muchos objetivos, elige dos o tres en los que centrarte primero —los más fáciles o asequibles—, y cuando estén muy avanzados o completos, entonces empieza con otros. No es posible ni sano tratar de cambiarlo todo a la vez.

Ejemplo

En la descripción final de Carlos, un chico con el que trabajé en consulta, se reflejó que era una persona más agradable, positiva e interesante para los demás de lo que inicialmente consideraba. Llegó a la conclusión de que tenía sentido marcarse como objetivo ampliar su círculo de amigos, que consideraba demasiado pequeño, y atreverse a tomar un rol más activo en su círculo actual, ya que siempre se mantenía en un segundo plano. También había conseguido cambiar un poco cómo veía su cuerpo, así que se propuso empezar a cuidarse, aunque fuera por salud y no únicamente con fines estéticos.

Para el objetivo social anotó diferentes acciones que, tras ordenarlas por dificultad, quedaron así:

1. Mantener el contacto con viejos conocidos: enviar un mensaje a alguien que aprecia con quien hace tiempo que no habla.
2. Mostrar más de sí mismo en redes: compartir gustos, opiniones o vivencias.
3. Atreverse a comentar más en las publicaciones de personas a las que sigue en redes, o a escribirles por privado.
4. Proponer actividades sencillas a amistades actuales, como un café, ver una película, etc.
5. Participar más en conversaciones grupales.
6. Opinar más cuando se intente decidir algo en su grupo.

7. Proponer quedar en persona a alguien con quien solo habla de manera online.
8. **Apuntarse a clases de CrossFit en lugar de hacer pesas en casa muy de vez en cuando.**
9. **Apuntarse a un grupo de senderismo.**
10. Hacer un voluntariado —en su caso, en un refugio de animales— donde puede conocer a gente con intereses y valores similares.

Para el objetivo de cuidar su físico, el resultado fueron las siguientes acciones:

1. Beber más agua diariamente.
2. Ir antes a la cama para asegurar entre siete y ocho horas de sueño diarias.
3. Subir a casa (tercer piso) por las escaleras en lugar de por el ascensor.
4. Incluir más frutas y verduras en su dieta.
5. Realizar un chequeo médico general y analítica básica anual.
6. Ir caminando al trabajo, que está a veinte o treinta minutos de distancia, tres veces en semana.
7. Seguir una rutina sencilla de entrenamiento funcional en casa, dos o tres veces por semana.
8. **Apuntarse a clases de CrossFit.**
9. **Apuntarse a un grupo de senderismo.**
10. Reducir el consumo de alcohol a momentos muy puntuales.

Date cuenta de que los puntos 8 y 9 coinciden en ambas listas. Es común que algunas acciones sirvan para varios propósitos a la vez —hacer ejercicio y conocer gente, en este caso—, lo cual es muy útil para el avance, ya que tienen un extra de motivación y de recompensa.

Por lo tanto, la primera semana Carlos tendría que «obligarse» a enviar varios mensajes a personas con las que hace tiempo que no habla, y a beber 1,5-2 litros de agua cada día.

Una vez fue avanzando, no repitió más el nivel 1 del objetivo social, pues tenía un número limitado de oportunidades, pero se esforzó en mantener el nivel 1 del objetivo físico —beber más agua— como un hábito, por mucho que avanzara en la lista.

Cuando llegó al nivel 5 del objetivo físico le costó un poco seguir avanzando, por lo que se propuso seguir afianzando esa lista, pero siguió avanzando con constancia en la lista del objetivo social, puesto que no es obligatorio que vaya todo a la par. Es importante encontrar el equilibrio entre motivarse y «obligarse» un poco, sin llegar a forzarse en exceso. Podría ser contraproducente no permitirse adaptar el ritmo a las dificultades.

La última vez que vi a Carlos había avanzado mucho en estos objetivos —y otros más—, y llevaba una vida mucho más activa y social de la que había tenido nunca. La mejora en su autoestima era evidente, y tenía pruebas objetivas para afirmar que era una persona que caía bien y tenía mucho que aportar en sus relaciones personales. Además, se encontraba más en forma y en mejor estado de salud, con menos dolores musculares, más energía y mejor ánimo que antes.

Carlos, como muchísimas otras personas que lo intentaron antes que él, con el tiempo comprobó que en esos anuncios que hizo en su momento no solo no se había pasado de largo vendiéndose «demasiado», sino que se había quedado corto.

La tarea de este capítulo consiste en generar todo este «plan de acción», pero no esperes a haber llegado al final de ese plan para continuar leyendo. Aunque ya he explicado cómo seguirlo, en el próximo capítulo te voy a dar más claves para llevarlo a cabo con éxito, ya que no es una tarea fácil, y es muy importante que tengas todo el apoyo posible.

También es importante aclarar que, al margen de este plan de acción, tienes que permitirte improvisar e ir actuando sobre la marcha en la medida en que te veas capaz, interpretando ese papel todo lo que puedas. Aunque sean cositas pequeñas, recuerda que todo suma, y cuanto más practiques, antes llegará el momento en que dejarás de fingir para, sencillamente, ser.

RESUMEN

Ahora que tienes una descripción más justa y completa de quién eres, el siguiente paso es empezar a actuar como esa persona. Aunque aún no lo sientas del todo cierto, la clave está en comportarte como si ya creyeras en ese nuevo autoconcepto, dejando atrás algunos hábitos, actitudes y decisiones que solo tenían sentido desde tu antigua autoestima. Fingir, al principio, es una forma de entrenamiento que te permite comprobar con hechos que esa versión más valiosa de ti es real. Todo cambio profundo empieza por atreverse a actuar como quien uno quiere ser, hasta que el cerebro y la vida confirmen que, en realidad, ya lo eras.

Resumen de la tarea

Elabora un plan de acción basado en los cambios que tendría sentido hacer si actuaras como tu nuevo yo. Define objetivos personales y, para cada uno, haz una lista de acciones posibles, ordenándolas de la más fácil a la más difícil. Empieza por llevar a cabo las del primer nivel en una semana y, si van saliendo bien, avanza progresivamente a los siguientes niveles. Repite las acciones que puedan convertirse en hábito, adapta el ritmo si algo cuesta más y recuerda: se trata de actuar como si ya fueras esa versión de ti hasta que lo sientas real. Aunque el plan marca la ruta, también puedes improvisar pequeñas acciones alineadas con tu nuevo autoconcepto en el día a día.

17

Integrando los cambios en el día a día

Tras el capítulo anterior, tienes ya un plan de acción para convertirte en la persona que realmente eres o «la persona que potencialmente puedes llegar a ser». Pero hay varios obstáculos que deberás superar para llegar a la meta:

- Miedo al fracaso.
- Los viejos hábitos.
- Falta de motivación sostenida.

Veámoslos uno por uno con detalle y establezcamos cómo superarlos.

Miedo al fracaso

Ante la perspectiva de intentar algo nuevo, o algo que te ha salido mal en el pasado, el miedo y la inseguridad te dirán que no te atrevas. Que no lo hagas. «Es por tu bien, te estoy evitando el fracaso, el rechazo, la vergüenza, la humillación».

Esta sociedad te hace creer que tienes que ser Velázquez para pintar, Beyoncé para cantar o Shakespeare para escribir. Que tienes que estar perfectamente seguro de que eres muy bueno y de que vas a tener éxito, y si no, ni se te ocurra intentarlo.

Pero el miedo se equivoca: quizá no eres espectacularmente bueno en muchas cosas, pero espero que, a estas alturas, estés más dispuesto a reconocer que eres suficientemente bueno en unas cuantas. Y si no lo eres aún, porque te falta práctica, sí que es posible que tengas el **potencial** para serlo cuando consigas más experiencia.

Cada vez que te atrevas a intentar alguna de las acciones que has listado en el capítulo anterior, lo más probable es que ocurra una de estas cuatro opciones:

1. Serás lo **suficientemente bueno** como para **conseguir** lo que te propones con solo ir a por ello.

> *Ejemplo*
>
> Le preguntas a alguien si quiere quedar para tomar un café y te responde que le apetece mucho. Ya tenías todo lo que necesitabas para conseguirlo, solo tenías que intentarlo.

2. Serás lo **suficientemente bueno** como para **empezar**, e ir mejorando a medida que le dediques tiempo y esfuerzo, y acabar teniendo éxito más adelante.

Ejemplo

Te apuntas a unas clases de pádel, y aunque al principio no lo hagas muy bien porque no tienes mucha práctica, tienes la capacidad suficiente para adaptarte al ritmo de las clases, sacarle partido y mejorar a medida que practicas.

También puede ocurrir que, en algunos casos, seas objetivamente inferior a lo habitual en un área concreta, a menudo porque te hayas pasado la vida evitándola. Pero es muy posible que, a pesar de ello, tengas la capacidad de compensarlo con el tiempo.

Ejemplo

En mi caso, no me atreví a hacer deporte hasta que tuve más de veinte años; ni fútbol en el colegio, ni nada. Así que mis habilidades físicas eran claramente inferiores a las de la mayoría de las personas que sí habían practicado deporte. Cuando empecé, era visiblemente más torpe que el resto, incluyendo a otras personas que estaban empezando también en ese deporte concreto, pero se habían movido mucho más que yo a lo largo de su vida.

Aunque me haya llevado más tiempo que a la mayoría, ahora puedo disfrutar enormemente haciendo deporte, incluso aunque mi nivel no sea muy alto. Para mí, tener éxito en esta área no implicaba competir seriamente ni ser de los mejores; implicaba practicar deporte con otras personas y pasármelo bien haciendo algo que, además, es bueno para mi salud.

Aquí la cuestión no es si tienes las suficientes habilidades como para seguir el ritmo de los demás sin que se note, sino si posees la capacidad de aprender, de mejorar, de superarte, y acabar supliendo esas carencias que arrastrabas. Probablemente creas que es imposible, hasta que te des la oportunidad de comprobarlo por ti mismo.

3. No serás lo **suficientemente bueno** como para que te salga del todo bien, y aun así habrá **merecido la pena intentarlo**. Puedes disfrutar de algo, aunque no se te dé nada bien —como quien canta en el karaoke a pleno pulmón y desafina un montón—, o puedes aceptar que no es lo tuyo y que no por ello vales menos.

Ejemplo

Intentas aprender a bailar bachata, y por mucho que lo intentas, compruebas que te cuesta mucho avanzar. Sientes que estás estancado y, a pesar de intentarlo de verdad, no consigues disfrutarlo. Con el tiempo, decides dejarlo porque te frustra lo mucho que se te resiste. No todos tenemos las capacidades para ser buenos en todo, pero quizá no podías saberlo hasta que no lo intentaras, y puedes sentirte satisfecho por haberte atrevido y haberte esforzado realmente.

En lugar de un fracaso, puedes verlo como un aprendizaje: ahora conoces mejor tus limitaciones y sabes que no es tan terrible no conseguir lo que querías, por lo que el próximo reto te dará menos miedo. Si sigues actuando así, descubrirás otras cosas que se te den mejor y que puedas disfrutar más. Es importante aprender a no definirnos tanto por nuestras carencias o por las cosas que no se nos dan bien, porque cada persona tiene muchas más cosas que no sabe hacer o que se le dan regular que las que sí hace bien.

Ejemplo

Yo he tocado la guitarra durante años hasta que acepté que mis capacidades musicales son, bueno, de las peores capacidades que tengo. Y no pasa absolutamente nada. Nadie que me conozca —ni siquiera aquellos pocos que me han escuchado tocar la guitarra— pensaría por un segundo en definirme como alguien que no toca bien la guitarra o que es torpe musicalmente, pese a haberlo intentado durante años. Ni me van a querer o valorar menos, ni van a pensar que soy menos capaz de otras muchas cosas por ello. La gente que me rodea me define por lo que sí sé hacer bien y por mis capacidades más destacables, y es importante que yo también lo haga así.

4. Por último, puede que seas **suficientemente bueno** como para **conseguirlo**, y aun así **no lo consigas**. Porque no todo depende de ti, y no siempre tener las habilidades o la valía necesaria para tener éxito en algo te asegura el éxito.

Ejemplo

Te animas a intentar buscar un trabajo mejor, y haces tres entrevistas para un puesto para el que al final no te contratan. Tienes el currículum, las habilidades y la personalidad apropiada para el puesto, y quizá en otro proceso u otra empresa te hubieran contratado sin pensárselo, pero finalmente eligen a otra persona porque encaja con más exactitud en el perfil que buscan.

No siempre es fácil identificar por qué no lo has conseguido —si por causas internas, externas o ambas—, pero, con práctica, cada vez lo distinguirás mejor y aprenderás a no hundirte, culparte ni frenarte cuando no consigues lo que te propones por causas externas. Cuando tu autoestima esté reparada y aprendas a tratarte con compasión, como harías con un buen amigo, te será más fácil hacer una autocrítica justa y honesta. Así podrás identificar si no lo has hecho bien y qué aspectos tienes que mejorar, o si puedes estar satisfecho de tu actuación, aunque no lo hayas conseguido.

En resumidas cuentas, confiar en ti y en tus capacidades no siempre te asegura el éxito. A veces saldrá bien, otras regular, y otras puede que mal. Déjame aclararte que esto no es como el típico mensaje de Mr. Wonderful que te dice que eres perfecto: un ser de luz que puede conseguir todo lo que se proponga. No, nadie puede. Y por supuesto que, a veces, rendirse o no intentarlo siquiera es una opción perfectamente válida. Pero has hecho un gran trabajo a lo largo de todo este libro para encontrar tus fortalezas, habilidades y capacidades que estaban enterradas bajo una montaña de mentiras y distorsiones. Así que, cuando te digo que te atrevas a intentarlo, no me refiero a que lo intentes todo, esperando ser capaz de cualquier cosa. Me refiero a que intentes lo que tiene sentido que intentes en función de toda la información que hemos recabado sobre ti. A lo que tú mismo animarías a intentar a alguien que encajara en la descripción final que hemos creado. Y no sabrás de verdad quién eres y de qué eres capaz hasta que no lo pongas a prueba.

Es importante entender que, aunque no todo salga bien, merece muchísimo la pena intentarlo. Se es **mucho** más feliz con tres éxitos y siete fracasos que con cero éxitos y cero fracasos. Porque tu miedo te dice que lo peor que te puede pasar es intentarlo y que salga mal. Y sí, es lo peor que te puede pasar **hoy**. Pero lo que tu miedo no te dice es que, a largo plazo, es infinitamente peor no intentar nada.

Sí, intentar algo y no conseguirlo es duro. Pero no intentar algo por miedo a no ser suficientemente bueno y haberlo sido todo este tiempo, viviendo encerrados en una jaula construida con limitaciones falsas, perdiéndonos todo lo bueno de la vida que está al alcance de nuestra mano, buf, eso es mucho peor.

Y recuerda: nadie ha tenido éxito en lo que se proponía sin acumular derrotas por el camino. Ni siquiera las personas más exitosas que te puedas imaginar:

- El primer estudio de animación de **Walt Disney** se fue a la **bancarrota**. El cineasta fue **despedido** de un periódico por «falta de imaginación y buenas ideas».
- El manuscrito de *Harry Potter y la piedra filosofal*, de **J. K. Rowling**, fue rechazado por **doce editoriales**. Rowling era madre soltera, vivía de ayudas del Estado y luchaba contra la depresión.
- **Steve Jobs**, el fundador de Apple, fue **despedido de su propia empresa**, en 1985, después de fuertes conflictos con el consejo directivo.
- **Michael Jordan** fue **excluido del equipo de baloncesto** de su instituto por «no estar a la altura». Su famoso lema era: **«He fallado una y otra vez en mi vida, y por eso he tenido éxito»**.

Los viejos hábitos

Otro gran obstáculo es que nuestro cerebro, producto de ser maravillosamente eficiente a la hora de usar sus recursos, realiza aproximadamente el 40 por ciento de las acciones diarias en «piloto automático». Esto implica actuar a partir de hábitos o rutinas consolidadas, usar atajos mentales para decidir sin esfuerzo consciente y dejar que los procesos automáticos nos guíen.

Por lo tanto, puedes encontrarte con que realmente quieres cambiar, de verdad quieres integrar todo lo que estás aprendiendo aquí, y pensar y actuar distinto a lo habitual, pero, sin darte cuenta, estás haciendo lo de siempre, pensando como siempre y sintiéndote como siempre. Es frustrante, pero es absolutamente normal, y es algo contra lo que todo ser humano tiene que luchar cada vez que quiera cambiar un hábito.

La solución pasa por hacer consciente aquello que es importante para ti el mayor número de veces posible a lo largo del día. Casi como si fuéramos un padre protector que vigila a su hijo, y en cuanto este se distrae y deja de hacer los deberes, le llamamos la atención para que vuelva a concentrarse en la tarea.

A continuación, te dejo un listado de acciones que puedes llevar a cabo para ello:

- Dejar *post-its* en lugares que veas mucho —la pantalla del ordenador, el espejo del baño, el frigorífico, etc.— con un mensaje breve pero potente, para recordarte tu compromiso con el cambio. Un mensaje tipo «recuerda quién quieres ser», «sigue actuando como tu nuevo yo» o cualquier cosa que resuma tu compromiso con seguir interpretando el papel de cada anuncio que has elaborado. Si no quieres que los lea nadie en casa o en el trabajo, puedes poner un *post-it* que ponga simplemente una R, de «Recuerda», y si te preguntan, puedes decir que es para recordar beber más agua o cualquier nimiedad con la que te sientas cómodo.
- Ponte alarmas en el móvil con una etiqueta breve como «Recuerda», «Actúa» o algo así. Son especialmente útiles en momentos importantes, como antes de entrar a trabajar o en el descanso, para que puedas aplicarlo lo más inmediatamente posible. Si, por ejemplo, uno de tus cambios implica ir al gimnasio, puedes ponerte la alarma a la hora a la que deberías empezar a prepararte para irte, como recordatorio y empujoncito final.
- Comparte tus nuevas metas con gente cercana que te apoye, y que pueda «reñirte» si no persigues tus objeti-

vos. Por ejemplo, dile a alguien que vive contigo que te has propuesto estudiar más y que, por favor, si te ve vaguear mucho, te recuerde tu compromiso con una frase amable como «Te recuerdo que querías estudiar más, por si no lo estabas teniendo en cuenta hoy». Eso sí, es muy importante tomarse estos comentarios como un intento de apoyo y ayuda, no como una crítica, y no responder a la defensiva.

- Y por último una de mis favoritas: el complemento llamativo. Busca el anillo, pulsera, reloj o colgante —en ese orden, siendo el anillo la mejor opción— más llamativo que te sientas capaz de llevar, y empieza a llevarlo todo el tiempo que te sea posible. Asígnale mentalmente un significado a ese complemento, de manera que, cada vez que lo veas o lo notes, te recuerde ese significado, similar al de los *post-its*. Las manos están constantemente en nuestro campo de visión, y cuanto más llamativo y molesto sea, más difícil te será acostumbrarte a su presencia y más presente tendrás ese mensaje en el día a día.

Importante: Como nuestro cerebro tiende a ignorar todo lo que es estable, es esencial que lo cambies todo cada pocos días. Cambia los *post-its* de sitio —aunque sea poniéndolos en el otro lado de la pantalla del ordenador—. Modifica algo la hora de las alarmas o el tono con el que suena. Cámbiate de dedo el anillo o de mano el reloj. Si no, a los tres días serán completamente invisibles para ti y podrás volver sin darte cuenta al bucle de siempre, justo lo que intentamos evitar.

Y por último, intenta adelantarte todo lo posible a tus viejos hábitos. Si sabes que te da mucha pereza vestirte para hacer ejercicio, deja con antelación la ropa preparada en un lugar visible, aunque te estorbe un poco, para que no tengas ni que pensar en qué ponerte cuando llegue la hora de salir. Si sueles comer por ansiedad, deja a mano algunas alternativas saludables —como una manzana— para tener la oportunidad de redirigirte primero a ellas. Cuanto antes aceptes que tus viejos hábitos van a hacer lo posible por mantenerse y dificultarte el cambio, antes podrás actuar para contrarrestarlos.

Ejemplo

Te voy a contar cuál fue mi mayor aliado contra mis viejos hábitos, cuando por fin me propuse estudiar y empezar a cuidar mi físico: mi tatuaje. Quién me iba a decir que, años después, descubriría que hay evidencia científica que demuestra por qué funcionó tan bien.

Si has visto mis vídeos, quizá te hayas fijado en que tengo algunas palabras tatuadas en los brazos. Realmente cubren los dos brazos y el pecho, son 210 centímetros si se ponen en línea recta. Sí, tiendo a venirme arriba con mis ideas. Me lo hice justo antes de empezar la universidad, con veintidós años.

En la facultad me preguntaban constantemente: «¿Qué dice tu tatuaje?», y mi respuesta siempre era la misma: «Lo siento, pero es algo íntimo que no suelo compartir». Y cuando alguien se indignaba y me decía: «Si no lo quieres contar, ¿para qué te lo haces en los brazos, donde lo puede ver todo el mundo?», mi respuesta también era siempre la misma: «Para poder verlo yo».

Y ese era todo el propósito de mi tatuaje: ser un recordatorio constante y un compromiso de por vida con ser quien había llegado a comprender que podía ser, y no quien los demás habían definido en mi juventud.

Mucha gente que me conoce desde hace años sigue sin saber qué dice mi tatuaje, pero ya que hemos llegado los dos hasta aquí, creo que tiene sentido compartirlo, porque probablemente lo entenderás mejor que la mayoría. Dice:

NOS ENSEÑAN QUE EN LA VIDA HAY IMPOSIBLES,
PERO ES MENTIRA.
LO ÚNICO IMPOSIBLE ES ALCANZAR LO QUE SUEÑAS SENTADO
EN UNA SILLA.

LUCHARÉ POR SER QUIEN QUIERO SER
POR DURO QUE SEA EL CAMINO.
SERÁN MIS SUEÑOS LOS DUEÑOS DE MI FUTURO,
Y NO EL DESTINO.

Y la verdad es que funcionó. Recuerdo perfectamente estar en el ordenador, jugando a videojuegos como siempre para evadirme de la realidad, y en algún momento ver el tatuaje y pensar de inmediato: «¿De verdad es esto lo que quiero? ¿O quiero luchar por ser quien realmente quiero ser?», y apagar el ordenador para ponerme a estudiar o irme al gimnasio, entre otras cosas.

No te voy a engañar: no fue magia. No funcionó al cien por cien desde el primer día y, por desgracia, yo no podía mover el tatuaje de sitio, así que algunos días olvidaba que existía. Pero estoy convencido de que sin él me hubiera costado muchísimo más salir del pozo en el que me había hundido con mis viejos hábitos y viejas creencias.

Con esto no quiero alentar a nadie a tatuarse por este motivo, para eso hay otros métodos más sencillos. Pero si es algo que te llama, realmente es una buena forma de comprometerse con uno mismo y esforzarse más por honrar su significado. Eso sí, quizá es mejor empezar por algo más pequeñito...

Falta de motivación sostenida

El último gran obstáculo al que probablemente te enfrentarás es la pérdida de la motivación inicial. Puede que empieces con ganas, te sientas inspirado y visualices claramente la persona en la que quieres —y puedes— convertirte. Es posible que al principio sientas que podrás conseguirlo, y que esta vez será diferente. Pero pasan los días, las semanas... y aparecen las dificultades. Surgen el cansancio o las excusas habituales, y esa motivación inicial se va gastando poco a poco.

Esto no es ninguna señal de debilidad ni un defecto personal; es algo universal y humano. Nadie mantiene unos niveles altos de motivación constantemente, ni siquiera las personas más exitosas a las que puedas admirar. La clave de todo proceso de cambio está precisamente ahí: en no depender de estar siempre motivado.

Porque cuando se tienen ganas, todo parece fácil. Pero las ganas no son algo que se tiene mágicamente o no se tiene. Algo incontrolable como la lluvia, que solo aparece cuando debe aparecer. No. **Las ganas se hacen**. Se construyen.

Se construyen cuando hacemos algo que no nos apetece pero que es importante para nosotros. Cuando hacemos algo con lo que estamos comprometidos, algo que queremos hacer, aunque no tengamos ninguna gana de hacerlo. Y esto ocurre porque suele haber recompensas inmediatas por ello: nos sentimos orgullosos de nosotros mismos o realizados, sentimos que avanzamos en una buena dirección. O incluso aparecen algunas recompensas propias de la actividad, como sentirnos más animados tras hacer ejercicio o más recargados tras socializar un rato. Y poco a poco, la asociación que se produce entre esa actividad y las recompensas posteriores son las que van generando una motivación, unas ganas, por volver a repetirlas. Pero hasta entonces, hasta que consigas construir ese nuevo hábito y esas nuevas ganas, vas a tener que aprender a actuar sin ellas.

La clave está en sustituir la motivación por rutina. En lugar de confiar en «tener ganas», intenta establecer hábitos tan fáciles y accesibles que no puedas poner excusas ni en tus peores días.[12] Por ejemplo, si tu objetivo es estudiar un idioma, en vez de proponerte ponerte una hora diaria, comprométete a aprender cinco nuevas palabras cada día, de manera que, al ser algo tan simple, lo puedas hacer en pocos minutos y sin grandes esfuerzos. Y si tras eso te ves capaz de seguir, entonces sigue, pero si no, puedes parar ahí y aun así sentirte satisfecho porque has hecho lo que tenías que hacer.

Cuando realizas consistentemente pequeñas acciones, creas una cierta inercia. Tu cerebro se acostumbra a cumplir objetivos, por pequeños que sean, y esto genera confianza y satisfacción, incluso en los días en los que no tienes ganas de nada. Así, cuando con el tiempo vayas aumentando la dificultad de estas tareas, te será más fácil seguir el ritmo porque ya habrás construido la base del hábito.

También es importante encontrar maneras de reforzar visualmente tu progreso: una marca diaria en un calendario, una pequeña recompensa cada semana que cumples tus objetivos mínimos, o llevar un registro sencillo de todo lo que estás haciendo y consiguiendo en una libreta que puedas revisar con regularidad. Así estarás creando una sensación constante de progreso y éxito.

Ejemplo

Yo mismo, para escribir este libro, me propuse escribir al menos quinientas palabras cada vez que tuviera la oportunidad de sentarme a escribir. Algunos días ha sido así, he cerrado el ordenador sintiéndome satisfecho porque había podido escribir otras quinientas palabras más. Hoy mismo, llevo aproximadamente dos mil cuando estoy escribiendo esto. Y cada y tres mil palabras, lo comparto con mi mujer y lo «minicelebramos».

Poder llevar la cuenta de cuánto voy escribiendo, celebrar el progreso cada poco tiempo, permitirme hacer menos en los días más complicados y dejarme llevar en los que estoy más inspirado o tengo más tiempo, definitivamente, me ha ayudado mucho a sentirme con ganas por el camino y a ser más constante a pesar de las dificultades. Sin ese método, es probable que hubiera estado constantemente abrumado por lo mucho que me quedaba y por lo lejos que estaba aún de terminar, lo cual me habría «quitado las ganas» de escribir.

Así que recuerda: la motivación no es algo que tienes, sino algo que creas actuando. Al igual que ocurrirá con la confianza en tu nueva versión, la motivación vendrá después de actuar, no antes. Si esperas a sentirte motivado para hacer algo, lo más probable es que acabes abandonándolo. Pero si empiezas con algo pequeño, sin presiones ni expectativas exageradas, verás cómo ese impulso inicial acaba volviendo de forma natural.

El éxito a largo plazo depende menos de cuánto puedes lograr en un día motivado, y mucho más de cuánto eres capaz de hacer en un día en el que no tienes ganas de nada.

Resumen

Para integrar los cambios que deseas hacer en tu vida, tendrás que superar tres grandes obstáculos:

- **Miedo al fracaso:** no necesitas ser perfecto desde el principio. Intenta lo que tiene sentido según tus fortalezas y acepta que no siempre saldrá bien. El fracaso no define tu valía; de hecho, intentarlo y fallar es infinitamente mejor que no intentarlo nunca.
- **Los viejos hábitos:** tu cerebro tiende a actuar en automático, dificultando los cambios. Usa recordatorios constantes como *post-its*, alarmas o complementos llamativos para mantener presente tu compromiso. Anticípate a tus viejos hábitos y haz pequeños cambios frecuentes para mantener tu atención activa.

- **Falta de motivación sostenida:** la motivación no siempre estará presente. En lugar de depender de las ganas, construye rutinas fáciles que puedas seguir incluso en días malos. Celebrar pequeñas victorias y registrar tu progreso te ayudará a mantener el impulso y avanzar consistentemente hacia tus objetivos.

A medida que vayas aprendiendo a superar estos obstáculos y sigas interpretando tu nueva versión, cada vez será más fácil y tendrás más confianza en el proceso y en ti mismo.

18

Asertividad: empezando a ejercer los derechos que mereces

Ahora que estás empezando a actuar de manera distinta, más acorde a tu verdadera definición, es momento de empezar a relacionarte con los demás de una forma más justa y equilibrada. Poco a poco, has podido ver que eres más capaz y válido de lo que creías, por lo que tiene sentido que revises cómo te posicionas y te relacionas en el mundo que te rodea para empezar a ocupar el lugar que te corresponde y recibir el trato que mereces. Y, ya de paso, darle también al resto de personas el lugar y el trato que merecen.

Seguro que, a estas alturas, has escuchado alguna vez la palabra «asertividad», pero vamos a empezar con una definición para que lo tengas claro: la asertividad es la capacidad de expresar con claridad, firmeza y respeto lo que piensas, sientes o necesitas, defendiendo tus derechos y opiniones sin agredir a nadie ni permitir que los demás te agredan a ti.

Suena bonito, pero también da un poco de miedo, ¿verdad? La asertividad se basa en dos conceptos principales: **igualdad** y **justicia**. Todos somos **iguales** en derechos y, por lo tanto, deberíamos ser **justos**, respetando los derechos de los demás sin permitir que nos arrebaten los nuestros.

Pero esto es algo muy complicado para una persona que no se siente igual al resto. Que lleva toda la vida convencida de que vale menos, de que no merece lo mismo que los demás. Que está tan acostumbrada a recibir un trato injusto que reclamar justicia parece inalcanzable o sencillamente incorrecto. Así que vamos a cambiar eso.

Hay una relación muy fuerte entre autoestima y asertividad. Ser asertivo implica reconocer que mereces respeto, comprensión y espacio para expresar lo que llevas dentro, igual que cualquier otra persona. Así que, cada vez que eres capaz de poner límites claros, de decir «no» sin culparte, o de expresar tu desacuerdo con calma, tu autoestima se fortalece. Y a la inversa: cuanto más fuerte sea tu autoestima, más fácilmente defenderás lo que es importante para ti, porque ya no dependerás tanto de la aprobación externa para sentirte valioso.

El problema es que, si tu autoestima es baja, es probable que tengas miedo a expresarte o comportarte de forma asertiva por miedo al rechazo, a decepcionar a los demás, a perder afecto o aprobación. Y funcionar así debilita aún más tu autoestima, y cada vez te costará más ser asertivo, lo que creará un círculo vicioso del que resultará difícil salir. Para romper ese círculo, es muy importante comprender que la asertividad no es agresividad ni egoísmo; es simplemente la manera sana y equilibrada de cuidar de ti mismo mientras mantienes relaciones saludables con los demás.

Ejemplo

Ana siempre se había considerado un miembro poco importante de su grupo de amigas. No se veía como la más divertida, popular, atractiva ni interesante de todas ellas, por lo que pensaba que su posición era inferior a la del resto.

Cuando había un conflicto, intentaba no posicionarse. Nunca daba su opinión si creía que podía ser contraria a la de alguna de sus amigas. Solía responder con un «me da igual» o «lo que queráis» cuando había que tomar una decisión u organizar un plan. En definitiva, prefería mantenerse en un segundo plano antes que arriesgarse a que la juzgaran o pudieran molestarse con ella.

Paradójicamente, justificaba su poca valía con argumentos como «da igual lo que yo quiera», «mi opinión no le importa a nadie» o «a veces soy invisible; si no estuviera no me echarían de menos». Al comportarse como si no valiera nada, solo obtenía «pruebas» de su poca valía.

Tras reparar su autoestima, Ana empezó a opinar, a participar en las decisiones y a expresar lo que no le gustaba o apetecía. Para su sorpresa, sus amigas respetaron sus opiniones, e incluso cambiaron algún plan para que se adaptara mejor a sus circunstancias. Tras esos eventos, pudo recopilar pruebas —sin comillas, al estar basadas en hechos y no en suposiciones— de que sus amigas la valoraban y la apreciaban, por lo que actuar de manera asertiva acabó reforzando su autoestima, además de conseguir que disfrutara de relaciones más justas y sanas.

Tus derechos asertivos

Sobre asertividad hay libros enteros escritos, pero aquí vamos a intentar resumir los puntos clave, para que puedas ponerla en práctica y así empezar a relacionarte en base a la autoestima que siempre debiste tener y que mereces.

A continuación, te dejo un listado de derechos asertivos; derechos que todas las personas tenemos simplemente por existir y pertenecer a esta sociedad. Todos ellos siempre han sido tuyos, aunque no lo hayas sabido, no te hayas atrevido a ejercerlos o no te lo hayan permitido.

Vamos a trabajar sobre estos derechos y a ponerlos en práctica, así que lo primero que debemos hacer es conocerlos y establecer cuáles ejerces actualmente y en cuáles hay que trabajar. Te adelanto que prácticamente nadie los cumple todos, y que es esperable que en tu caso haya muchos que te cuesten, por ahora, así que no te sientas mal por ello.

Quiero que los leas cuidadosamente, uno por uno, y te preguntes: «¿Me permito ejercer este derecho, en la mayoría de los contextos, y sin sentir miedo o culpabilidad por ello? ¿Permito a los demás ejercer estos derechos sin enfadarme con ellos o sin que me moleste?».

- Si la respuesta es «En general sí», marca un *tick* (✓) al lado del número de ese derecho. Si no quieres escribir en el libro, anótalo donde hayas ido haciendo las tareas previas.
- Si la respuesta es «En algunos contextos sí, en otros no», «Solo a veces» o «Sí, pero luego me siento mal por haberlo hecho», pon un guion (–) junto al número de ese derecho.

- Si la respuesta es «En general no», escribe una cruz (✗) al lado del número de ese derecho.
- Si en un derecho hay diferencia entre lo que te permites tú y lo que les permites a los demás —por ejemplo, te permites negarte a una petición, pero te molesta mucho que te la nieguen a ti—, márcalo con lo que menos permitas. En este ejemplo, pondrías una cruz (✗) aunque fuera un *tick* (✓) para ti.

Por último, es muy importante entender que **un derecho no es una obligación**. Una persona asertiva puede decidir no ejercer un derecho —no dar su opinión en una conversación sobre política porque no le apetece discutir, no porque le preocupe ser juzgado o rechazado— y, aun así, seguir siendo asertiva en lo que corresponde a ese derecho, ya que realmente podría ejercerlo si quisiera sin sentirse mal por ello.

Pero, claro, también es fácil decirte a ti mismo que «prefieres no ejercer ese derecho» cuando en realidad es que te da miedo, te preocupa, te genera mucha vergüenza, etc. Ante todo, es importante la honestidad con uno mismo a la hora de hacer esta revisión.

Aquí tienes el listado de derechos asertivos:

Derechos relacionados con tus opiniones, ideas y decisiones:

1. Tienes derecho a tener tus propias opiniones y creencias, incluso cuando son distintas o contrarias a las de la mayoría.
2. Tienes derecho a cambiar de opinión, a aprender cosas nuevas y evolucionar sin sentir culpa ni justificar continuamente por qué has cambiado.

3. Tienes derecho a cometer errores y equivocarte, ya que los errores forman parte inevitable del aprendizaje y del crecimiento personal.
4. Tienes derecho a ignorar o no seguir los consejos de otras personas. Un consejo es una opinión, no una obligación.

Derechos relacionados con expresar y cuidar tus emociones:

5. Tienes derecho a sentir y expresar tus emociones, sean positivas o negativas, y decidir cuándo y con quién compartirlas.
6. Tienes derecho a expresar dolor o vulnerabilidad, especialmente con aquellas personas en las que confías.
7. Tienes derecho a pedir ayuda o apoyo emocional cuando lo necesites, sin sentir vergüenza por hacerlo.
8. Tienes derecho a estar solo, incluso cuando otras personas deseen tu compañía.
9. Tienes derecho a expresar afecto y aprecio hacia otras personas sin miedo al rechazo o a parecer débil.

Derechos relacionados con decir «no» y establecer límites:

10. Tienes derecho a decir «no» a peticiones, favores o exigencias, sin sentirte culpable, egoísta o desleal por hacerlo.
11. Tienes derecho a no justificar o explicar cada decisión que tomas.
12. Tienes derecho a decidir qué hacer con tu tiempo, tu cuerpo y tus cosas, sin verte obligado a justificarlo ante los demás.

13. Tienes derecho a no responsabilizarte de resolver los problemas de otras personas, especialmente cuando hacerlo supera tus límites o te perjudica.
14. Tienes derecho a no anticiparte o adivinar las necesidades de otros. Las personas tienen la responsabilidad de comunicar con claridad lo que necesitan.
15. Tienes derecho a terminar relaciones o interacciones que te hacen daño o te restan bienestar emocional, aunque sean familiares o amistades de largo plazo.

Derechos relacionados con tus necesidades y deseos:

16. Tienes derecho a pedir lo que necesitas o deseas, siempre aceptando que la otra persona también puede negarse.
17. Tienes derecho a tener necesidades y preferencias, y a considerarlas igual de importantes que las necesidades de los demás.
18. Tienes derecho a ser el primero en ocasiones, sin sentirte egoísta o descortés por priorizar tus propias necesidades.

Derechos relacionados con el respeto personal y la dignidad:

19. Tienes derecho a expresar desacuerdo o protestar frente a un trato injusto, siempre de manera respetuosa.
20. Tienes derecho a ser tratado con dignidad y respeto, y a comunicar claramente cuándo alguien sobrepasa este límite.
21. Tienes derecho a recibir reconocimiento por tus méritos y esfuerzos, empezando por reconocerte a ti mismo todo aquello que haces bien.

Derechos relacionados con tu ritmo personal:

22. Tienes derecho a hacer menos de lo que podrías hacer en un momento determinado. No siempre es posible ni saludable dar tu máximo esfuerzo.
23. Tienes derecho a detenerte, reflexionar y pensar antes de actuar o responder, incluso cuando otros te exigen respuestas inmediatas.
24. Tienes derecho a decidir cuándo no quieres ser asertivo. Recuerda que lo importante es tener la capacidad de actuar con asertividad y de ejercer tus derechos, pero eso no implica que siempre tengas que actuar así.

Nota: Este listado de derechos asertivos es el que llevo usando en mi consulta desde hace más de diez años, y ha sido elaborado tomando como inspiración diversas fuentes, entre ellas, el trabajo del psicólogo Alberto Soler (disponible en su sitio web <www.albertosoler.es>) y los libros de Olga Castanyer,[13] Walter Riso[14] y Elia Roca[15] que puedes encontrar en la bibliografía.

El objetivo de haber marcado cada derecho no es darte una puntuación de cómo de asertivo eres, sino mostrarte el camino que seguir en tu entrenamiento en asertividad. Sí, **entrenamiento.** Porque esto no es algo que leas y te cambie la vida al instante; al igual que con tu nueva definición, la asertividad vas a tener que repetirla y machacarla mucho, obligándote a ello, para que entonces se vuelva natural. Si consideras que el trabajo que estás realizando sobre los objetivos del capítulo anterior ya te ocupa el cien por cien de tu energía disponible, puedes posponer el trabajo en asertividad para más adelante. En caso contrario, puedes ir empezando ya mismo, pues cuanto antes mejores tu asertividad, antes terminará de reparar y mejorar tu autoestima.

Como ya hemos visto, no se pueden trabajar muchos objetivos a la vez, por lo que te animo a que elabores un plan de acción en asertividad, yendo poco a poco, de menos a más difícil, de manera similar al plan de acción de los objetivos para los que hiciste una lista hace dos capítulos:

- La primera fase consiste en tratar de afianzar los «a veces», para llegar a convertirlos en un «en general, sí». Esto implica ser capaz de aplicarlos en cualquier contexto o practicar para dejar de sentirnos mal al hacerlo. De todos los que marcaste con un guion, elige los dos que te parezcan más fáciles —o menos difíciles— y oblígate a llevarlos a la práctica varias veces a lo largo de una semana. Si lo consigues, marca otros dos para la próxima semana, y así hasta que los hayas practicado todos. Si alguno se te resiste, puedes dejarlo para más adelante, cuando ya tengas más práctica en general. Pero te animo a que intentes practicarlos todos.

Ejemplo

Jaime decide empezar por estos dos derechos:

1. Tienes derecho a tener tus propias opiniones y creencias, incluso cuando son distintas o contrarias a las de la mayoría.

Lo marcó con un guion porque, en sus círculos de más confianza —mejores amigos y algunas personas de su trabajo—, sí se permite opinar con libertad, pero en el resto de entornos tiende a callarse, especialmente con su familia, por miedo a ser criticado o rechazado. Por lo tanto, se propone obligarse a opinar a pesar del miedo. A lo largo de esa semana, se fuerza a sacar algún tema de conversación peliagudo mientras comen en casa y a opinar —respetuosamente, claro—, aunque no encaje con las opiniones de su familia.

También le dedica un rato a comentar su opinión en publicaciones de Instagram, e incluso a llevarle la contraria a alguien fuera de su círculo de confianza, aunque no le apetezca hacerlo. A medida que practica, se va sintiendo cada vez más seguro en su derecho a opinar, aunque su opinión no siempre sea bien recibida.

2. Tienes derecho a pedir ayuda o apoyo emocional cuando lo necesites, sin sentir vergüenza por hacerlo.

Aquí puso también un guion porque, a veces, sí que pedía ayuda cuando estaba muy mal, pero luego se sentía una carga por hacerlo. Sentía que había molestado a otras personas, que demasiado tienen con lo suyo, además de haber mostrado debilidad y falta de autonomía.

Así que, a lo largo de esa semana, se obligó a escribir a varios amigos diciéndoles cosas como que estaba agobiado y necesitaba salir un rato para despejarse, o que estaba preocupado por algo y necesitaba alguien con quien hablar un poco. No estaba especialmente mal esa semana, pero siempre es más fácil practicar cuando no se está muy mal, y así poder hacer uso de los beneficios de esa práctica cuando de verdad se necesite.

- Una vez hayas practicado lo suficiente, comenzaría la segunda fase: tratar de convertir los «no» en «a veces». Siguiendo el mismo método, de todos los derechos que marcaste con una cruz, elige los dos que te parezcan menos difíciles y oblígate a llevarlos a la práctica varias veces a lo largo de una semana. Y como antes, cuando hayas practicado un poco con ellos, pasas a otros dos, y así sucesivamente.

  Esta puede ser la parte más difícil, porque puede que haya derechos que no hayas ejercido prácticamente nunca en tu vida. Sé amable contigo mismo durante el proceso, y recuerda que estás completamente en tu derecho de actuar así. Si los demás merecen ese derecho, **tú también**. **Y viceversa**.
- Como el objetivo no tiene por qué ser marcar con un «sí» los veinticuatro derechos —casi nadie está en condiciones de hacerlo, en realidad—, a partir de aquí empezaría la última fase, más libre. Este paso implica releer estos derechos con cierta regularidad —una vez a la semana, por ejemplo— y tratar de seguir teniéndolos en mente, estando atento a las oportunidades que te ofrezca la vida para ser asertivo, y tratando de serlo, aunque sea por seguir practicando y aprendiendo. Los beneficios son enormes, y una vez se vuelve natural, permanecen de por vida. Te alegrarás mucho de haberlo hecho.

Como en todos los cambios, el comienzo es lo más difícil. Y en la asertividad lo es especialmente, pues puede que aparezca esa voz interior que sigue intentando convencerte de que no eres tan válido ni tan digno como los demás. A decirte que no deberías hacerlo. Te intentará persuadir de que estás siendo egoísta, maleducado, egocéntrico. Que todo el mundo se va a enfadar contigo, que les vas a hacer daño con tu asertividad, o que quién te has creído que eres para actuar así. Y tienes que aprender a dejar esa voz de fondo, molestando, pero sin prestarle atención, como quien intenta estudiar mientras alguien está viendo la televisión a todo volumen. Poco a poco, esa voz se irá haciendo más y más débil, hasta que sea un susurro que solo oigas levemente en momentos puntuales.

En mi caso, como persona que tuvo durante mucho tiempo una autoestima bajísima, te podrás imaginar lo asertivo que era. Quizá fuera una de las personas más pasivas que he conocido, en el sentido de no ejercer jamás mis derechos o no reclamar nunca cuando me los arrebataban. Y cuando empecé a entrenar mi asertividad, de verdad sentía que todo el mundo me iba a dar de lado; que no podía permitirme actuar así. Al estar convencido de que apenas me quería nadie, creía que si empezaba a «dar problemas» y a «molestar» con mi asertividad, me quedaría solo.

La realidad es que, a día de hoy, siendo precisamente una de las personas más asertivas que conozco, cuento con el amor y el aprecio de muchas más personas de las que podía imaginar en aquel momento. Algunas de ellas incluso me han comunicado que admiran mi asertividad, y que ojalá pudieran actuar ellos así.

Así que no, ser más asertivo no hará que te quieran menos, sino todo lo contrario. Les permitirá a otras personas conocerte de verdad, saber lo que necesitas para poder tenerlo en cuenta, apoyarte cuando lo necesitas y respetarte cuando lo mereces.

Tendemos a devaluar sin querer todo lo que es gratis, así que pedir a los demás que paguen el precio de respetarte y tratarte con justicia no les hará valorarte menos, sino todo lo contrario. Y de paso, te permitirá valorarte más, que también es muy importante.

Solo hay un tipo de circunstancia en el que ser asertivo te perjudicará, al menos a corto plazo, aunque acabe siendo también beneficioso a largo plazo. Te lo cuento con detalle en el próximo capítulo.

Resumen

La asertividad es la capacidad de expresar con claridad, firmeza y respeto, lo que piensas, sientes o necesitas, defendiendo tus derechos sin agredir ni permitir que te agredan. Está estrechamente vinculada a la autoestima, fortaleciéndola cada vez que ejerces tus derechos con seguridad.

Todos poseemos derechos asertivos que incluyen expresar opiniones propias, decir «no» sin culpa, pedir lo que necesitas y poner límites claros, entre otros. Evaluar cuáles ejerces actualmente y cuáles necesitas practicar es la clave para mejorar. Este proceso requiere entrenamiento progresivo, desde situaciones sencillas hasta las más difíciles, y superar la resistencia interior inicial.

Ser asertivo no te hará perder afecto o aprecio; al contrario: te permitirá tener relaciones más auténticas, sanas y respetuosas. Aunque al principio pueda costarte, los beneficios duraderos compensarán ampliamente el esfuerzo inicial.

19

Cómo pueden reaccionar los demás a tu nuevo «yo» y cómo manejarlo

Una vez que consigas ir superando las barreras internas que trataban de impedirte que actualizaras tu autoconcepto y repararas tu autoestima, el cambio empezará a notarse desde fuera. Lo mismo ocurre cuando comienzas a ser asertivo, ya que es una de las mayores muestras públicas de una autoestima sana.[16] Así que este capítulo sirve realmente para hablar de ambos temas a la vez: lo que puedes encontrarte cuando empieces a interpretar esos anuncios —tu versión actualizada y más real— y cuando comiences a ser asertivo.

Algunas personas tardarán un tiempo en darse cuenta del cambio, ya que, una vez que tenemos una idea formada sobre algo o alguien, no solemos reevaluarla asiduamente. Las etiquetas, ya sean buenas o malas, son difíciles de despegar para el ojo ajeno.

Incluso puede que algunas personas no lleguen a darse cuenta nunca del cambio. Pero la realidad es que, tarde o temprano, la mayoría de la gente empezará a notarlo. Y cuando esto ocurra, lo más probable es que cada uno encaje en una de estas tres situaciones:

Situación 1: Le parece bien desde el principio

Cómo es: a medida que empiezas a hablar más positivamente de ti, a tratarte mejor, a atreverte a hacer cosas nuevas, a ser más asertivo y a hacerte respetar más, esta persona se muestra feliz por el cambio. Se alegra de que por fin te quieras más y actúes como piensa que deberías haber actuado siempre. Aplaude tus logros y te da la razón en que tienes derecho a hacer y pedir más. Te anima para que sigas así. O al menos, aunque no te anime demasiado, te permite ser tu nueva versión y no te pone impedimentos ni te critica por ello.

Por qué ocurre: como podrás imaginar, esta es la opción ideal, aunque por desgracia no siempre es la más común. Te encuentras en esta situación porque estás ante una persona que ha sido capaz de ver tu auténtica valía, a pesar de los esfuerzos de tu autoestima previa por ocultarla. Por lo tanto, lo que para ti es una «nueva versión», para esta persona realmente no es tan nueva, ya que sabía que tenías todo eso en tu interior.

También es muy posible que te encuentres ante alguien suficientemente asertivo o con una autoestima suficientemente sana como para que pueda alegrarse por que brilles más, en lugar de sentirse amenazada por tu brillo. Y si no, al menos es una persona empática y buena como para alegrarse por ti a pesar de que, si ocupas más espacio, puede que le quites un poco el suyo. Y eso es más que suficiente.

Cómo actuar: este es el tipo de persona al que todos deberíamos aspirar a tener cerca, y te animo a que cuides bien esta relación porque suena a que estás en el lugar correcto. Agradece su apoyo, y trata de confiar en que sus palabras de ánimo y validación son sinceras, así como una muestra de que vas por el buen camino. En la vida es muy fácil que te critiquen sin motivos, pero es muy difícil que te alaben sin ellos, así que ya va siendo hora de aceptar los cumplidos.

Situación 2: Al principio muestra resistencia, pero poco a poco va cediendo

Cómo es: a diferencia de la situación anterior, cuando empiezas a mostrar más autoestima y, especialmente, a pedir más justicia e igualdad en tus relaciones, al principio a esta persona no le parece bien.

Por ejemplo, tienes una amiga a la que siempre recoges en coche antes de salir, y cuando, en un arrebato de asertividad, le dices que por qué no te recoge ella a ti esta semana, se molesta y te dice que no le viene bien y que ya contaba con que la recogieras tú y le viene fatal cambiar los planes.

Con el tiempo, a base de mantenerte firme, de explicar las cosas calmadamente o de hablar sobre tus derechos y lo que es justo en vuestra relación, va cediendo hasta que se adapta a la «nueva normalidad» y acepta que os turnéis equitativamente. Ha acabado entendiendo que has cambiado y que tienes derecho a ser esta nueva versión, y está de acuerdo con ello.

Por qué ocurre: esta situación suele ser la más común. Como ya estarás cansado de leer en este libro, el ser humano se resiste mucho al cambio. Y tiende a verlo como algo negativo, sin pararse a evaluar consciente y racionalmente si tiene sentido ese cambio o si de verdad es justo.

Las personas con baja autoestima o con poca asertividad tienden a ser «un chollo» para los demás, ya que a menudo dan mucho y piden poco a cambio. Y como es fácil acostumbrarse a lo bueno, cuando reparas tu autoestima para ellos es como si el producto que siempre han comprado de oferta ahora les costara el precio completo. En el fondo, saben que es justo y que vale ese precio, pero les da rabia tener que pagar más que antes por lo mismo, así que al principio se resisten a la «subida de precio», con la esperanza de que vuelva la oferta de siempre.

Cuando por fin entienden que la oferta no volverá, al pasarse esa resistencia inicial, es cuando pueden ver que incluso con el precio completo sigue siendo un buen trato. Así que lo acabarán aceptando y se les acabará pasando el disgusto. Es lo que me pasó a mí cuando empezaron a cobrar por usar Spotify.

Cómo actuar: aquí lo importante es mantenerte firme y consistente en tu nueva versión. Tienes derecho a cambiar, a quererte más y a confiar más en ti. Tienes derecho a pedir a los demás un trato justo y a ponerte el primero a veces a ti también. Así que el objetivo es tener paciencia al principio, intentar no tomarte esa resistencia como algo personal, y explicar que entiendes que pueda costarles aceptar el cambio, pero que este ha llegado para quedarse y no vas a volver atrás.

Eso sí, hay que encontrar el término medio y no pasar de explicar las cosas a sobrejustificarse constantemente. Es esperable encontrar algo de resistencia, pero también hay que saber cuándo parar de intentarlo, porque puede que en realidad te encuentres en la situación 3. Así que tienes que entender que este escenario debería ser temporal; si tras un periodo de tiempo razonable esta persona no lo acepta, deberías entonces «enmarcarla» en la situación siguiente y actuar en consecuencia.

Situación 3: Por mucho que lo intentes, no acepta el cambio

Cómo es: esta situación puede comenzar igual que la anterior, pero, o bien no desaparece la resistencia, o bien parece a veces que sí y luego vuelve para atrás constantemente, y te encuentras con que, por mucho que intentes explicarlo, no parece ser posible llegar a un acuerdo o a que acepten esta nueva versión de ti.

En otras ocasiones, puede incluso que recibas desde el principio hostilidad, enfado, críticas, insultos, etc. Puede también que te «castiguen» por tu nueva conducta, intentando «bajarte los humos» para que vuelvas a ser la versión sumisa y más manejable de antes. En general, te transmitirán que tendrías que seguir comportándote como antes, que te estás equivocando con este cambio, y te dejarán claro que, por su parte, no van a cambiar en nada, ya sea diciéndotelo directamente o justificándose todo el tiempo con otras excusas.

Por qué ocurre: aquí entran en juego muchos factores, pero, en general, cuanto más baja fuera tu autoestima, menos asertivo hayas sido con esta persona y más antigua sea la relación, más fácil será que te encuentres este escenario, por dos motivos:

1. Cuando somos **poco asertivos**, enseñamos a la gente a pensar que no valemos mucho. Intentamos no ocupar espacio, no hacer ruido, no molestar. Dejamos claro que no somos prioritarios. Y esto, para muchas personas, es beneficioso, ya que así pueden quedarse con los derechos y los beneficios a los que nosotros llevamos todo este tiempo renunciando. Cuando una persona se niega

a cambiar a una relación más justa, es porque prefiere relacionarse contigo más por todos esos beneficios extra que por ti. Es muy duro, pero es así. Y esto no significa que tú no seas lo suficientemente bueno como para merecer una relación justa e igualitaria. Significa que, sencillamente, hay gente que prefiere tener relaciones donde tiene todo el poder, donde puede ser egoísta sin repercusiones y, en general, prefiere algo gratis y sin esfuerzo que algo de calidad, pero que le conlleve algo de sacrificio.

2. Por otra parte, cuanto **menor** es nuestra **autoestima**, más bajo ponemos el listón a la hora de relacionarnos con los demás. Nos conformamos con personas que no necesariamente tienen unos valores similares a los nuestros, y que puede que no nos traten bien. Aceptamos lo que nos llega, sin filtrar demasiado, por lo que es probable que la calidad de esas relaciones —y de esas personas— no sea muy alta. Además, el tipo de persona que no quiere ni acepta una relación justa e igualitaria suele aprender a identificar con rapidez con qué personas puede conseguir una relación de la que pueda beneficiarse. Por ello, no solo es posible que tú te hayas conformado con ellos, sino que ellos hayan buscado activamente a una persona como tú. Por poner un ejemplo, es lo mismo que ocurre con algunos trabajos: cuanto más necesites el dinero, más estarás dispuesto a aceptar un empleo con malas condiciones, y cuanto peores condiciones ofrezca un trabajo, más hará la empresa por buscar a personas en una situación vulnerable que estén dispuestos a tolerar ser explotados.

Cómo actuar: lo más importante aquí es tener la valentía y la honestidad de estar dispuesto a aceptar la realidad lo antes posible. Es una verdad difícil de aceptar, pero en este escenario la única actuación con sentido es tomar distancia con esta persona. No necesariamente tiene que cortarse el contacto —a veces, de hecho, no es posible—, pero sí que hay que alejarse ya sea físicamente —pasando menos tiempo juntos—, emocionalmente —considerándola menos importante en tu vida— o ambas, hasta encontrar una distancia en la que esta relación injusta tenga menos capacidad de afectarte.

Ejemplo

Miriam tenía una amiga que vivía en un pueblo a unos veinte kilómetros de la ciudad donde vivía ella. Cada vez que salían juntas, de una manera u otra su, amiga acababa perdiendo el último autobús, por lo que Miriam tenía que acogerla para que durmiera en su piso —que estaba cerca de la zona por la que solían salir—, ya que no tenía cómo volver hasta el día siguiente. Además, con la excusa de estar cansada o de resaca, su amiga acababa pasando gran parte del día siguiente en su casa antes de irse finalmente. Para colmo, comía de la nevera de Miriam y nunca hizo el intento de aportar dinero o comida, ni de recoger o limpiar nada de lo ensuciado en el proceso.

Esta escena se repetía a menudo, incluso en días en los que Miriam le insistía a su amiga en que no perdiera el autobús porque tenía que madrugar al día siguiente, tenía otros compromisos o sencillamente le apetecía estar sola o no tener que ser responsable de ella, por si ligaba y quería llevar a otra persona a su casa esa noche. De hecho, su amiga había llamado a Miriam en varias ocasiones, a pesar de no haber salido juntas esa noche, poniéndola en el compromiso de acogerla, alegando que era su única opción.

Cuando Miriam reparó su autoestima y empezó a marcar límites más claros, su amiga se lo tomó fatal: empezó a reprocharle que era una mala amiga y una mala persona, una egoísta que solo pensaba en ella y que no se podía creer que, con lo amigas que eran, estuviera dispuesta a dejarla tirada en la calle y que le pasara cualquier cosa, sin ser capaz de reconocer que la responsabilidad de volver a su pueblo era suya, no de Miriam.

Durante un tiempo, su amiga no quiso salir más con ella porque estaba muy dolida, aunque quizá la estaba castigando por no hacer lo que ella quería... Cuando intentó volver a salir con Miriam, esta le dijo que estaba de acuerdo, pero que pasara lo que pasara no iba a quedarse en su casa porque estaba cansada de ser responsable de ella. Al principio, pareció entenderlo, pero pronto volvió a «perder» el autobús y a tratar de obligar a Miriam a acogerla, enfadándose mucho ante su negativa.

A Miriam no le quedó más remedio que aceptar que la situación no iba a cambiar y que su amiga parecía más interesada en tener un lugar donde pasar la noche que en su compañía, así que le comunicó que podrían seguir quedando en otro tipo de contextos —como para tomar un café—, pero que no saldría más con ella por la noche. Su amiga se enfadó muchísimo, le dejó de hablar. Al poco, Miriam se enteró de que ya había encontrado otra «amiga» con la que pasar todas las noches que salía por la ciudad.

A raíz de verse más sola, Miriam empezó a salir con unas chicas de su clase que se lo habían propuesto alguna vez, y a las que había rechazado siempre por timidez. Estas chicas aceptaron rápidamente a la «nueva Miriam», ya que no estaban malacostumbradas a su versión anterior, y eran unas personas con unos valores más compatibles con los de ella. A día de hoy, siguen siendo muy amigas y ocupan un lugar muy importante en su vida.

Lo importante de estas situaciones es entender que, aunque les tengas cariño a esas personas y te aporten cosas buenas, lo más probable es que sean relaciones que no te convienen, ya que necesitan que tú te hagas pequeño y renuncies a lo que mereces, privándote de muchas cosas que no vas a saber que realmente necesitabas hasta que no tengas relaciones más sanas y justas que te lo aporten.

Porque ese es el objetivo. Aunque al principio tengas que alejarte de ciertas personas, y perder algunas relaciones, con el dolor y el vacío que puedan dejar tras de sí..., distanciarte de ellas hará espacio para que otras nuevas puedan entrar en tu vida, o puedan tener ahora más presencia que antes si ya estaban en ella. Con el tiempo, si te mantienes firme, cambiarás espacios de tu vida ocupados con relaciones regulares —o directamente malas— por otras más sanas y nutritivas. Estas no solo te harán sentir mejor y te aportarán más cosas, sino que te reafirmarán en que, efectivamente, merecías tener esas relaciones y ser tratado de esa manera.

¿Y sabes qué es lo mejor? Que a medida que pase el tiempo y vayas adquiriendo práctica con tu nueva versión, te encontrarás en una posición mucho más fácil que la de ahora. Porque irás conociendo a nuevas personas que, desde el primer día, conocerán tu versión asertiva y con buena autoestima, por lo que, al no tener una historia pasada que corregir, será mucho más fácil que acepten desde el primer momento cómo eres. Y los que no lo acepten, se estarán retratando rápidamente, ya que no se podrá achacar a la resistencia al cambio, por lo que te será más fácil identificar qué personas no te convienen y dejar de invertir en ellas antes de que suponga una pérdida.

En definitiva, aunque al principio sea complicado, te enfrentes a resistencia y a alguna posible pérdida, cada vez se hará más fácil y los beneficios serán mayores, hasta que se estabilice en un punto en el que solo habrá beneficios y será evidente cuánto te ha compensado todo. Si te sirve de algo, yo, a día de hoy, tengo menos relaciones sociales de las que tenía en mi época universitaria, cuando me dejaba utilizar, ningunear e infravalorar por cualquiera. Pero las que tengo ahora son de muchísima más calidad, y contribuyen a que sea más feliz que nunca. Así que si me preguntan a mí, el cambio merece la pena, **y mucho**.

Resumen

Cuando empiezas a mostrar una autoestima más sana y mayor asertividad, las personas a tu alrededor suelen reaccionar de tres maneras diferentes:

- **Aceptación inmediata:** personas que se alegran genuinamente por tu crecimiento, validan tus cambios y te animan a seguir adelante. Estas son relaciones valiosas que debes cuidar.
- **Resistencia inicial que acaba cediendo:** personas que al principio rechazan tu cambio porque les supone un esfuerzo adaptarse a tu «nueva versión», pero que con el tiempo comprenden y aceptan tu crecimiento. Aquí es importante mantenerte firme y paciente sin sobrejustificarte.
- **Rechazo persistente:** personas que no aceptan ni se adaptan a tu cambio porque les beneficia más tu antigua versión menos asertiva y con menor autoestima. La solución en este caso suele pasar por distanciarse emocional y físicamente de estas relaciones dañinas, haciendo espacio para relaciones más sanas y nutritivas.

Aunque pueda resultar doloroso al principio, la recompensa final de tener relaciones basadas en el respeto mutuo y la igualdad merece la pena con creces.

20

El último paso: entendiendo que mereces quererte

Durante gran parte de este libro, nos hemos centrado en tres de los cuatro primeros conceptos que definimos en el capítulo 1: autoconcepto, autoestima y autoeficacia.

Gracias a ello, espero que, llegados a este punto, tengas una definición mucho más acertada de ti mismo, valores de manera más apropiada y justa todos esos aspectos que forman tu persona —tanto los positivos como los negativos— y seas consciente de que eres mucho más capaz y competente de lo que creías anteriormente.

Todo ello debería darte más motivos para quererte más y mejor que antes, y eso está muy bien. Es, desde luego, una gran ayuda y facilita mucho el cambio. Pero no podemos olvidarnos de una parte muy importante: **no necesitas motivos para quererte**. Sin embargo, como llevas toda la vida escuchando que sí los necesitas, los has estado buscando sin cesar.

Puede que esta afirmación te resulte chocante, incluso tras todo lo que hemos trabajado. Por eso he dejado esto para el final, siendo consciente de que quizá es la creencia más difícil de cambiar de todas.

Entiendo que creas que necesitas ciertas características, ciertas cualidades, ciertos logros alcanzados o hechos realizados para sentir que eres digno de amor. Y puede que esto sea cierto si hablamos del amor de otras personas. Pero no debería ser así si hablamos de tu propio amor. Del que sientes hacia ti mismo. De cuánto te quieres, de cómo te cuidas, de lo feliz que crees que mereces ser, del respeto que crees merecer, del derecho que tienes a ocupar espacio en este mundo, a tener una voz, unos sueños, una vida plena.

Si te pregunto por qué quieres a tu mejor amigo o amiga, es lógico que puedas hacer una lista de motivos: por su sentido del humor, por cómo te escucha, porque te ha apoyado siempre, etc. En este sentido, esa persona se ha «ganado» tu amor con el tiempo, demostrando que lo merece con cualidades y hechos.

Pero quiero que pienses por un momento en quien más quieres en este mundo, que no sea ni amigo ni pareja. Probablemente sea un hijo, una madre, un sobrino o, por qué no, un animal de compañía. ¿Crees que una madre necesita motivos para querer a su hijo? ¿Y que el hijo tiene que demostrar ciertas cualidades y cumplir con ciertos estándares para merecer el amor de su madre? ¿Debería querer a mi sobrina solo si es mejor que el resto de las niñas que conozco de su edad? ¿Tendría que querer menos a mi perro si es menos bonito que el del vecino o si ladra más de lo que me gustaría?

Creo que estamos de acuerdo en la respuesta: ROTUNDAMENTE NO.

Si tienes un hijo, lo querrás con todo tu ser porque es tuyo. No tienes por qué pensar que es el mejor del mundo, ni el más guapo, ni el más inteligente. Puedes ser plenamente consciente de sus virtudes y sus defectos. Pueden haberte dolido algunas cosas que haya hecho. Y que no sea como te hubiera gustado que fuera. Pero es tuyo y solo por eso se merece todo tu amor, todo tu cariño, cuidado, protección y respeto. Y quieres que sea feliz, que la vida le vaya bien, que no le pasen cosas malas y que cumpla todos sus sueños. Sin necesitar más motivos que el hecho de que es tu hijo, con eso basta. Y si no tienes hijos, imagino que es como te hubiera gustado que tus padres o cuidadores te quisieran, en caso de que no fuera así.

Pues exactamente a esto me refiero cuando digo que no necesitas motivos para quererte. De repente, no suena tan descabellada esta frase, ¿verdad?

No digo que deberías pensar que eres el mejor, capaz de todo, perfecto, invencible. Nadie lo es. Pero es que no deberías ser ninguna de esas cosas para merecer quererte, para tratarte con cariño y respeto, para ser comprensivo contigo mismo, para apoyarte en tus momentos más difíciles, para creer que mereces ser feliz y animarte por el camino mientras luchas por ello. Para perdonarte cuando te equivocas, para levantarte con cariño cuando te caes, para defenderte cuando otros tratan de arrebatarte lo que es tuyo.

No eres tu hijo, ni tu padre, ni tu hermano. Pero eres un ser humano. Tu ser humano. ERES TUYO. Y no necesitas más que eso. Eres la persona con la que siempre vas a estar, y la persona que siempre te va a necesitar. La que más merece y más necesita tu amor incondicional.

Ojalá consigas aprender a dejar de buscar motivos para merecer tu amor. Ojalá logres aprender a dejar de tratarte sin amor cuando fallas en algo o no cumples tus expectativas. Ojalá puedas entender que no te falta ni te sobra nada para, entonces, poder quererte bien. Te mereces quererte hoy mismo. Aunque seas imperfecto, aunque estés luchando por mejorar algunas cosas, aunque hayas hecho mal otras.

Y entiendo que cueste aceptar esto. Porque nos han hecho

creer que si nos queremos sin motivos, caeremos en un estado de complacencia y conformismo donde creeremos que todo está bien, y no seguiremos en esta búsqueda infinita de ser mejores, más valiosos, más productivos, más deseables. Y claro, luego nos llegarán los golpes de realidad. Pero no es así en absoluto.

Quererte no significa dejar de intentar mejorar, igual que querer a un hijo no significa dejar de educarle o de marcarle límites. Y probablemente estarás de acuerdo conmigo en que se educa y se enseña mejor con amor que sin él. No necesitas ser mejor para quererte, pero desde luego necesitas quererte para ser mejor.

Y es desde el amor donde podrás ver cuándo hay que seguir esforzándose por mejorar, y cuándo ya es suficiente. Quiero que tengas esto muy presente: en este libro hemos hablado mucho de mejorar, de entrenar ciertos aspectos, de conseguir ciertos objetivos..., pero tiene que llegar un punto en que puedas decir «ya está». «Ya está suficientemente bien». «Podría seguir mejorando, pero no tengo por qué». Porque la vida también va de disfrutar de lo que se tiene, y es muy fácil perdérsela persiguiendo siempre el siguiente objetivo que te hará ser o estar mejor.

Así que esta es tu última tarea, y quizá la más importante de todas, que tendrás que practicar en el día a día hasta que se vuelva natural: háblate, trátate, júzgate y exígete como si fueras tu ser más querido. Sé amable contigo mismo. Quiérete bien, y quiérete mucho. Quiérete como siempre has deseado que te quieran. Te lo mereces.

Resumen

Se cierra el proceso recordándote que no necesitas motivos para quererte: no tienes que ser el mejor, ni lograr ciertas metas, ni cumplir determinados estándares para merecer amor propio. Eres valioso simplemente por ser tú, igual que un hijo merece el amor incondicional de sus padres. Aprender a tratarte con respeto, comprensión y cariño —incluso cuando fallas— es muy necesario para tener una autoestima sana. No se trata de dejar de mejorar, sino de hacerlo desde el amor y no desde la carencia. Tu última tarea es tratarte como tratarías a la persona que más quieres en el mundo. Porque te lo mereces, tal y como eres, hoy.

Epílogo

Te doy mi más sincera enhorabuena por haber llegado hasta el final. Me consta que es muy difícil dar el primer paso, y que no ha sido un camino sencillo. Pero espero de todo corazón que haya merecido la pena. Y que, a estas alturas, seas más capaz de reconocerte a ti mismo el mérito de todo este trabajo. Yo, desde luego, estoy orgulloso de ti.

Ahora es un buen momento para volver a realizar la escala de autoestima —el test— que hiciste al principio del libro, y ver si notas algún cambio al enfrentarte de nuevo a esas preguntas. Esto te servirá para reafirmarte en que tu esfuerzo no ha sido en vano, así como para señalarte en qué aspectos puede que aún te quede algo de trabajo por hacer. Porque, como ocurre con casi todo lo que merece la pena en la vida, no basta con conseguirlo: hay que saber mantenerlo una vez que lo tienes.

Como habrás podido observar, hay cuatro casillas para el resultado. Ahora vas a rellenar la segunda, pero aún tendrás que volver a esta escala dentro de seis meses y en dos años. Te animo a que incluso lo apuntes en tu calendario para no olvidarte, porque es algo realmente digno de comprobar. La investigación al respecto demuestra que los efectos positivos del trabajo en autoestima no solo son permanentes, sino que siguen aumentando durante un buen tiempo, a medida que vas poniendo en práctica todo lo aprendido e interiorizando los cambios. Así que espero que no te olvides de todo esto, y sigas teniendo muy presente todo lo que has conseguido para sacarle el máximo partido posible. Tu futuro «yo» te lo agradecerá mucho.

Y ahora que has terminado esta parte del proceso, ¿querrías compartir conmigo cómo te ha ido? Tu experiencia, tus sensaciones, las puntuaciones de tu escala... Estaré absolutamente encantado de leerte. Puedes ponerte en contacto conmigo a través de mi cuenta de Instagram @psicologo.sevillano, y haré todo lo posible por leerte y responderte.

¡Te mando un abrazo muy fuerte, y te deseo que disfrutes mucho de tu auténtica versión!

Agradecimientos

A Disi, mi mujer y mi persona favorita de este mundo. Gracias por haber visto en mí todo aquello que yo aún no era capaz de ver, y por quererme con todo tu ser desde el primer día. Siempre has sido la parte más importante de mi propio kit de reparación de autoestima. Sin ti no sería la persona que hoy soy.

A todas las personas que he tratado en consulta. Gracias por haberme enseñado tanto, por haberme permitido ser parte de vuestra vida y presenciar tantos maravillosos cambios, y por ayudarme a darle forma a este kit con el paso de los años. Sin vosotros no habría podido escribir este libro.

A mis perros, Harlem y Cheddar. No podrán leer este agradecimiento, pero no por ello se lo merecen menos. Gracias por vuestro apoyo incondicional, por la paciencia que habéis tenido en las horas que he pasado escribiendo y por acostaros sobre mis pies mientras lo hacía. Sin vosotros este camino habría sido más cuesta arriba.

Y por último a ti, que te has sumergido en este maravilloso proceso. Gracias por confiar en mí para algo tan importante. Por la valentía que has demostrado a lo largo de todo el camino, y por el esfuerzo que aún te queda por hacer hasta que todo se consolide. Espero de corazón que te merezca la pena. Sin ti, este libro no serviría de nada.

Notas bibliográficas

1. Branden, N., *Los seis pilares de la autoestima*, Barcelona, Paidós, 2022.
2. Robins, R. W., K. H., Trzesniewski, J. L. Tracy, S. D. Gosling y J. Potter, «Global self-esteem across the lifespan», *Psychology and Aging*, vol. 17, n.º 3, 2002, pp. 423-434.
3. Harter, S., *The construction of the self: Developmental and sociocultural foundations* (2.ª ed.), Nueva York, The Guilford Press, 2012.
4. Silvia, P. J. y M. E. O'Brien, «Self-awareness and constructive functioning: Revisiting "the human dilemma"», *Journal of Social and Clinical Psychology*, 2004, vol. 23, n.º 4, pp. 475-489.
5. Weiner, B., «An attributional theory of achievement motivation and emotion», *Psychological Review*, vol. 92, n.º 4, 1985, pp. 548–573.
6. Wood, J. V., W. E. Perunovic y J. W. Lee, «Positive self-statements: Power for some, peril for others», *Psychological Science*, vol. 20, n.º 7, 2009, pp. 860-866.
7. Vogel, E. A., J. P. Rose, L. R. Roberts y K. Eckles, «Social comparison, social media, and self-esteem», *Psychology of Popular Media Culture*, vol. 3, n.º 4, 2014, pp. 206-222.

8. Tiggemann, M., «Sociocultural perspectives on body image», en T. F. Cash y L. Smolak (eds.), *Body image: A handbook of science, practice, and prevention* (2.ª ed.), The Guilford Press, 2011, pp. 12-19.
9. Sheldon, K. M. y S. Lyubomirsky, «How to increase and sustain positive emotion: The effects of expressing gratitude and visualizing best possible selves», *The Journal of Positive Psychology*, vol. 1, n.º 2, 2006, pp. 73-82.
10. Kernis, M. H. y B. M. Goldman, «A multicomponent conceptualization of authenticity: Theory and research», *Advances in Experimental Social Psychology*, vol. 38, 2006, pp. 283-357.
11. Brummelman, E., S. Thomaes, S. A. Nelemans, B. Orobio de Castro, y B. J.Bushman, «My child is better than average: Overvaluation predicts inflated self-views and emotional fragility», *Developmental Psychology*, vol. 53, n.º 12, 2017, pp. 2247–2258.
12. W. Wood, J. M. Quinn y D. A. Kashy, «Habits in everyday life: Thought, emotion, and action», *Journal of Personality and Social Psychology*, vol. 83, n.º 6, 2022, pp. 1281-1297.
13. Castanyer, O., *La asertividad: expresión de una sana autoestima*, Bilbao, Desclée de Brouwer, 2021.
14. Riso, W., *El derecho a decir no: Cómo ganar autoestima sin perder asertividad*, Barcelona, Zenith, 2015.
15. Roca, E., *Cómo mejorar tus habilidades sociales*, Valencia, ACDE Ediciones, 2003.
16. Harris, M. A. y U. Orth, «The link between self-esteem and social relationships: A meta-analysis of longitudinal studies», *Journal of Personality and Social Psychology*, vol. 119, n.º 6, 2020, pp. 1459-1477.